El Arte de la Vigilancia

El Arte de la Vigilancia

EDDIE CRUZ

Copyright © 2018 Eddie Cruz
Todos los derechos reservados.

ISBN: 1726402746
ISBN 13: 9781726402743
Ilustraciones de portada e ilustraciones hechas por Scott Simpson

En memoria de mis abuelos Eduardo León Cruz y América Guzmán León y mi tío, Jesús Noel León (Peter)

Dedicado a mi esposa, Shirley; mis hijas, Serena y Alexis; mi nieta, Selah; mis nietos, León y Carmelo Cruz, mi sobrina, Stephanie; y mi yerno, Greg. Ustedes han dado mi propósito de vida. Los amo a todos, y que el Señor ordene sus pasos.

Expresiones de Gratitud

La versión original de este libro fue escrita en inglés y está ganando átención. Como resultado de llamar la atención de la comunidad latina en las redes sociales, y descubrir que no había mucho material sobre el tema de la vigilancia en su idioma, decidí traducir mi libro al español. Desde el principio, pensé que esta tarea sería difícil, pero no me di cuenta de lo difícil que era hasta que empecé. La traducción de mis pensamientos y conceptos sobre el tema de la vigilancia, junto con los modismos en inglés, rápidamente me reveló cuán limitado era mi español. En consecuencia, recluté a las siguientes personas que me ayudaron a completar esta tarea.

A mi madre, Carmen León, quiero agradecerle por su constante apoyo y ánimo para terminar el trabajo que tiene entre manos, y por recordarme que todo valdrá la pena.

A mi prima, Gisela León Colón, quiero agradecerle por corregir mi trabajo y hacer la edición inicial y las correcciones necesarias para seguir adelante.

Finalmente, a mi nueva amiga Vilma Márquez. Quiero agradecerle por pasar innumerables horas de su ocupado horario de edición y tratar de expresar mis pensamientos con la mayor precisión posible. Usted tiene un dominio extraordinario del idioma inglés y español que es único y contemporáneo.

Gracias a todos una vez más por ayudarme a hacer esto posible. No podría haberlo hecho sin ustedes. Que el Señor les bendigas por sus labor.

Contenido

Capítulo 1 Introducción — 1
Capítulo 2: Vigilancia — 7
Capítulo 3: Preparación, planificación y estrategia — 23
Capítulo 4: Vigilancia móvil — 33
Capítulo 5: Vigilancia de pies — 57
Capítulo 6: Equipamiento y uso — 69
Capítulo 7: Redacción de informes — 87
Capítulo 8: Una palabra para los empleados — 97
Capítulo 9: Una palabra para los empleadores — 103
Capítulo 10: Conclusión — 107
Glosario — 111

Nuestro mayor temor no debería ser el fracaso, sino el éxito en las cosas de la vida que realmente no importan.
—Francis Chan

Capítulo 1

Introducción

Este libro se centra específicamente en el concepto de vigilancia en lo que se refiere al sector privado. Está diseñado teniendo en cuenta al principiante, pero también es extremadamente beneficioso para aquellos que han estado en la industria por un período de tiempo prolongado. También ayudará a quienes contemplan si deberían participar en este tipo de trabajo.

La "investigación privada" abarca una gran variedad de oportunidades que no están limitadas a la vigilancia. Por ejemplo, algunos aspectos del trabajo de investigación privada incluyen fraudes de seguros, investigaciones de accidentes de vehículos, fraudes corporativos, asuntos penales y civiles, servicios a procesos, declaraciones de testigos y verificación de antecedentes. Por supuesto, no sabría esto por la respuesta que recibo cuando le digo a la gente que soy un investigador privado. Casi siempre me asocian con alguien que solo sigue a esposos infieles. Los problemas domésticos, como seguir a un cónyuge infiel o sospechoso, generalmente se conocen como casos matrimoniales, y sí, hago algunos de estos casos, pero son solo una pequeña fracción de los muchos tipos de vigilancias en las que he estado involucrado.

Al ver televisión y películas, uno tiene la idea de que la vigilancia siempre es divertida y emocionante. La verdad del asunto es que a veces puede ser emocionante, pero la mayoría de las veces es aburrida. En este libro revelaré la realidad de este negocio y cómo tener éxito.

Soy un detective retirado del Departamento de la Policía de la ciudad de Nueva York, donde operaba como agente encubierto en la división de narcóticos. Además de comprar drogas ilegales, también estuve expuesto e inventé todo tipo de trucos del oficio, necesarios para tener éxito en este negocio, incluyendo la vigilancia. Como agente encubierto, a menudo yo mismo estaba bajo vigilancia, ya sea por la protección de mi equipo, o por los traficantes de drogas. Esto me dio una perspectiva única sobre la vigilancia desde un ángulo diferente al que está siendo vigilado.

Una vez estuve involucrado en una larga e importante operación de drogas en la que los jugadores de esta conexión de drogas y yo, estábamos hablando. No sabían que estaba conectado con un transmisor de comunicación cuando uno de ellos comenzó a jactarse de lo inteligente que era y su capacidad para evitar la detección. Mientras decía esto, yo también estuve de acuerdo y sonreí a la cámara, ya que pude localizar el vehículo de vigilancia que nos estaba mirando y registrando cada una de nuestras palabras. Debido a mis circunstancias únicas como encubierto, eventualmente llevaba a cabo vigilancias para todo tipo de operaciones. También trabajé en operaciones multiples de agencias e incluso fui seleccionado para ayudar a un grupo operativo del FBI y a un grupo operativo de la Administración de Drogas (DEA- Siglas en Ingles) durante algunas de sus operaciones. Como resultado, he tenido el privilegio de trabajar con algunos de los mejores. También he entrenado y orientado a oficiales encubiertos, así como a investigadores que ingresan al sector privado. Tengo mucha experiencia, y estoy muy capacitado para hablar sobre el tema.

Al final de mi carrera, me retiré de un equipo principal de narcóticos e inmediatamente tomé el examen para convertirme en investigador privado sin haber estudiado el manual que acompañaba a la aplicación. Pensé: "¿Por qué molestarse? ¿Qué tan difícil puede ser esto?

Introducción

Chico, estaba equivocado. Recuerdo que, después de completar el examen, estaba parado en el área de los ascensores con otro hombre, quien también había completado el examen. Creo que también era retirado del departamento de la policía. Los dos nos quedamos allí sacudiendo la cabeza, y de repente el otro caballero dijo: "¿Tampoco estudiaste?"

"No", le dije. Fue una introducción divertida y memorable al sector privado. El examen tuvo muy poco que ver con el trabajo policial, pero tiene mucho que ver con las prácticas comerciales generales. Con humildad, agarré el material de estudio que había llegado con la aplicación original y pasé el examen varias semanas después.

No tengo ninguna duda de que la vigilancia en el sector privado puede ser y será una experiencia humillante, especialmente para algunos de nosotros que nos hemos retirado de una agencia de aplicación de la ley. Ya no se tiene la misma autoridad o recursos que se tuvo alguna vez, ahora que se es un civil. Puede que haya sido un excelente oficial de policía, pero si no se pueden transformar y modificar esas habilidades, habrá dificultades en el sector privado.

El sector privado es un juego completamente nuevo lleno de desafíos. Trataré de guiarle para que sea un operador productivo. Entre la aplicación de la ley y el sector privado, tengo más de treinta y dos años de experiencia. Con esta experiencia, destacaré y me enfocaré en las áreas en las que tendrá que concentrarse si quiere tener éxito. Definiré qué vigilancia va más allá de la descripción de un diccionario y demostraré cómo es realmente en el sector privado en lugar de como es en la aplicación de la ley. Discutiré la importancia de preparar, planear y elaborar estrategias antes de salir al campo. Este es un paso crucial que desafortunadamente, a menudo se ignora.

Luego revisaré los dos tipos principales de vigilancia, la vigilancia móvil (vehicular) y vigilancia a pie. La mayoría de las vigilancias son móviles, pero un buen operador de vigilancia siempre está preparado para participar en la vigilancia a pie en cualquier momento. A esto le sigue el equipo esencial para completar el trabajo y brindarle satisfacción al cliente. Esta área es amplia y fluida, ya que la tecnología cambia constantemente. También puede ser muy costoso.

    Después de completar una tarea de vigilancia, generalmente se requiere un informe de su actividad y sus hallazgos. Quizás haya muchas maneras de hacer un informe de vigilancia, pero sigo un formato de línea de tiempo. Está claro y al grano, y entraré en más detalles en el capítulo titulado, Redacción de Informes, que también incluirá la muestra de un informe. Antes de concluir el libro, agregaré una nota personal a los posibles investigadores (empleados) y a los propietarios de compañías privadas de investigación. Es una evaluación honesta y verdadera de mis observaciones y experiencia en este campo.

    He observado que muchas personas que ingresan de el campo de las fuerzas del orden público, incluidas las unidades de alto rendimiento en sus respectivos departamentos, tienen dificultades para adaptarse al cambio dramático. Del mismo modo, he visto a individuos de las fuerzas del orden público con exposición limitada a operaciones de vigilancia -incluso a personas sin antecedentes policiales- que se destacan en el componente de vigilancia de las investigaciones privadas. De cualquier forma, esto no debería desanimarle porque hay muchas otras áreas donde uno todavía puede ser un investigador privado efectivo. Para nuestra discusión, este libro no profundizará en esas otras vías porque nuestro tema aquí es estrictamente la vigilancia.

    Mi objetivo aquí es brindarle información y consejos sobre un campo de trabajo único que también ofrece una cantidad manejable de flexibilidad con su tiempo. Compartiré con usted algunas de mis experiencias, ideas y sentimientos con respecto a la vigilancia a fin de prepararlo mejor para lo que le espera. Creo firmemente que le proporcionaré una base sólida que le ayudará a continuar con esta línea de trabajo y a decidir si esto es para usted.

    La mayoría de las cosas que menciono en este libro pueden ser aplicadas por todos los investigadores y en muchos entornos geográficos, pero permítanme informarles que escribo desde la perspectiva de un investigador privado que trabaja en los Estados Unidos, en

Introducción

áreas urbanas congestionadas, y con sistemas múltiples de transporte público, puentes, túneles, taxis, aeropuertos, etc. También trabajo en suburbios aislados que van desde comunidades modestas hasta las comunidades ricas, y soy consciente de todos los desafíos que conlleva trabajar en estos entornos. Tener conocimiento y competencia en el tema de la vigilancia me proporciona una plataforma desde la cual yo puedo darles una introducción a esta profesión única. Empecemos.

Capítulo 2

Vigilancia

El objetivo de cada vigilancia es recopilar tanta información como sea posible sobre un individuo o evento, sin ser detectado. Cómo realizar esta operación de manera efectiva es el arte. La vigilancia, sin lugar a dudas, no es fácil y no todos son capaces de hacerlo. Se requieren individuos especiales para ser investigadores u operadores de vigilancia efectivos. Sin embargo, nadie en este negocio es perfecto. Todos cometemos errores, pero estos errores son grandes oportunidades para que aprendamos a ser mejores. Con cada error que cometí, aprendí algo nuevo o al menos confirmé algo que necesitaba cambiar en mis tácticas.

No se puede abordar la vigilancia con una mentalidad de un enfoque de talla única porque cada vigilancia es diferente. Agregue a eso la idiosincrasia de los sujetos bajo vigilancia, y usted tiene una cantidad infinita de probabilidades. Con el tiempo, cada investigador u operador exitoso encuentra su propia zona de confort desde la cual operar, una que se equilibra y no se ve obstaculizada por una perspectiva predeterminada del caso. Digo equilibrado porque hay un nivel saludable de anticipación involucrado en la vigilancia. La anticipación a la que me refiero está ligada a su estrategia, no a la percepción de cómo cree que va a ser su caso.

Incorporo las herramientas prácticas y las estrategias que menciono en este libro, junto con mis instintos. A partir de estas cosas, puedo anticipar lo que mi sujeto (la persona bajo vigilancia) puede hacer, como la dirección que él o ella puede tomar en el camino al trabajo. Esto es apropiado y a veces necesario, porque a diferencia de lo que se ve en la televisión, no puede pararse o estacionarse en frente de la casa de alguien e inmediatamente entablar una vigilancia móvil sin ser obvio. Su sujeto puede incluso tener un miembro de la familia mirando desde una ventana, y su comportamiento sospechoso repentino puede alarmar a esa persona y hacer que él o ella alerten al sujeto.

La anticipación adecuada de la situación puede incluso llevarlo a establecer una estación de observación (un área estratégicamente seleccionada desde donde hace sus observaciones) a la vuelta de la esquina. Este método funciona para mí en la mayoría de las ocasiones, pero es arriesgado y requiere tiempo y práctica para desarrollarse.

Una de las claves de la vigilancia es la identificación temprana de los patrones de comportamiento de su sujeto. Una vez que se establezca esto, puede anticiparlo adecuadamente sin sacar conclusiones precipitadas y calcular gravemente su situación. Esto me lleva a otras observaciones interesantes que he hecho a lo largo de los años, y esa es la dicotomía entre subestimar y sobreestimar a un sujeto, o si es mejor perder o ser quemado por el sujeto. "Quemado" o "quemarse" es cuando un investigador o un lugar se ha visto comprometido y ya no es viable para propósitos de vigilancia. Muchos operadores de vigilancia luchan con estos problemas. Dependiendo de la tarea, puedo preguntarle a mi empleador de antemano si el objetivo (otra palabra para el sujeto o un lugar bajo observación) ha sido seguido en el pasado, y si es así, haré los ajustes necesarios. Si no, normalmente me inclino más hacia el lado de subestimarlos hasta que hagan algo que me haga respetarlos, como un sujeto que sale de su residencia y mira a su alrededor girando su cabeza. Este tipo de comportamiento exigirá que les dé un poco de respeto.

No me malinterpreten cuando digo que me inclino más hacia el lado de la subestimación. No soy imprudente, pero si aplico todas mis habilidades de forma apropiada, podré seguir el sujeto durante un tiempo razonable sin ser detectado. Muchos operadores sobreestiman a sus sujetos, otorgándoles demasiado crédito, y como resultado se rinden demasiado pronto porque creen que el sujeto puede haber mirado en su dirección. En un día determinado, tenga en cuenta cuántas veces alguien mira en su dirección cuando ni siquiera está siguiendo a esa persona. O considere la distancia que puede haber recorrido junto a otro vehículo particular que no está bajo vigilancia. La gente mira naturalmente a su alrededor y viaja en la misma dirección que usted durante largos períodos de tiempo. La clave está en mantener la calma y actuar de manera normal cuando se realiza una vigilancia.

La cuestión de si es mejor perder un sujeto o arriesgarse a quemarse fue algo con lo que inicialmente tuve problemas. El problema era que no podía tolerar perder un sujeto. La mayoría de las veces no me estaba quemando, pero asumí demasiados riesgos porque estaba demasiado preocupado por perder el sujeto. No uso dispositivos de localización por GPS debido a todas las ambigüedades legales, así que para mí es una vigilancia a la antigua. La conclusión a la que he llegado es que es mejor perder el sujeto que quemarse; si pierde el sujeto, puede retomar la vigilancia otro día o en ubicaciones secundarias. Pero una vez se quema, ahí se termina todo. Ya no puede volver a este objetivo.

También lo ha arruinado para cualquier otro investigador que siga a este sujeto porque ahora el sujeto estará alerta. Incluso, hay ocasiones en las que debe de soltar o perder a un sujeto deliberadamente, para poder preservar la vigilancia. Es posible que el sujeto no esté al tanto de su presencia, pero ha seguido a este individuo durante un tiempo, siguiéndolo por calles múltiples sin ningún vehículo intermedio entre los dos para ofrecerle ocultamiento. Su mejor opción en una situación como esta es llegar a una calle paralela e intentar seguir de esa manera. De lo contrario, te quemarás. Mas adelante explicare más sobre esto.

He dicho mucho hasta ahora, pero para que alguien sobresalga en esta carrera, esa persona debe dedicarse a la preparación, la piedra angular de cada investigador u operador exitoso. Antes de salir para ejecutar la operación de su asignación, siempre debe tomarse un tiempo para prepararse. Esto es primordial porque le brinda la mejor oportunidad de aumentar sus posibilidades de éxito todo el tiempo. Esto no significa que siempre tendrá éxito, pero en promedio tendrá un mejor resultado que si no se prepara.

Operacionalmente, encontrará dos formas principales de vigilancia: vigilancia móvil (de vehículos) y vigilancia a pie. Sin embargo, en alguna rara ocasión, puede encontrarse con algo que se conoce como vigilancia "estática" o "fija". En este último, no se espera que el investigador salga del área de operación inicial. El propósito de este investigador es permanecer en el lugar para recopilar información e informar a los posibles miembros del equipo ubicados sobre la dirección de salida del sujeto para que puedan iniciar la vigilancia en movimiento cuando el sujeto sale del área.

Los tipos de casos en el sector privado que requieren vigilancia son casi ilimitados. Esta variedad ayuda a mantener las cosas interesantes y ofrece una oportunidad única para observar el comportamiento humano en diferentes niveles de la sociedad.

La vigilancia es exigente y requiere una cierta cantidad de resistencia, paciencia, nervios y creatividad, sin mencionar la capacidad de permanecer concentrado para reunir toda la información necesaria que sea útil para su caso. La habilidad también es importante, pero lleva tiempo desarrollarla. A uno se le pueden enseñar los conceptos básicos, pero la mayor parte del progreso depende del investigador individual a medida que se sumerge en esta línea de trabajo. Si está interesado en este ámbito y no tiene experiencia previa en el cumplimiento de la ley, no se de por vencido. Inténtelo; es posible que tenga la capacidad. Sin embargo, si proviene de un entrenamiento policial, prepárese para ser humilde. Seré el primero en admitir que no será tan peligroso como el trabajo policial, pero este nuevo juego no es un paseo en el parque.

En promedio, una vigilancia puede durar de cuatro a diecisiete horas o más y continuar por varios días, o incluso más tiempo. Ocasionalmente, usted se enfoca en una puerta, esperando que el sujeto salga o llegue. Realizo muchas de estas vigilancias solo, pero incluso si tiene otro investigador trabajando con usted, sigue siendo una tarea agotadora. No puede abandonar la ubicación de la operación porque si se retira, cuando regrese, no sabrá si su sujeto ha salido, llegado o si todavía está presente en la ubicación.

Entiendo que a veces la naturaleza llama. Para los hombres, esto puede ser un poco más fácil de resolver, pero no así para las mujeres. Cada persona debe considerar cómo resolver este problema por su cuenta. Puede ser tan simple como cambiar su dieta el día anterior o justo antes de salir y limitar su consumo de agua o café (solo que no a expensas de su salud). La hidratación es importante, especialmente en el verano. Entonces no tome riesgos innecesarios con su salud. Traiga comida o refrigerios para no tener la tentación de abandonar el automóvil cuando tenga hambre. Confíe en mí, si no le da hambre, probablemente necesitará algo para masticar para mantenerse despierto y enfocado en las largas vigilias.

En un mundo ideal, siempre tendría al menos dos investigadores trabajando juntos durante una vigilancia. Dos vehículos que operan entre dos investigadores proporcionan mucha flexibilidad en lo que respecta a las tácticas y aumentan las posibilidades de éxito en todos los entornos a la vez que disminuyen las posibilidades de detección. En un ambiente urbano, donde generalmente hay un sistema de transporte público, puede tener dos investigadores en un vehículo: uno para operar el vehículo y el otro para proporcionar vigilancia a pie cuando sea necesario, especialmente si el sujeto aborda un tren o autobús. El único obstáculo para tener dos o más investigadores es el costo. Los clientes generalmente no quieren pagar por más de un investigador. Entiendo que esto puede ser una inversión costosa, pero la verdad es que generalmente terminan pagando más utilizando un solo investigador. ¿Por qué?

Si el investigador está trabajando solo, tendrá una mayor exposición al sujeto, lo que requiere una mayor precaución para evitar la detección. Esto puede llevar a perder un sujeto prematuramente y tener que retroceder varias veces, mientras que dos investigadores pueden haber producido mejores resultados. Aunque soy un investigador privado con licencia, he elegido operar como contratista independiente, asi que no trato directamente con el cliente. Mis empleadores lo hacen. Pero no se equivoque al respecto, a veces sentirá la presión del cliente. Los clientes pueden expresar sus preocupaciones y brindar información útil, pero no se les debe permitir dirigir el funcionamiento de una vigilancia.

Las buenas compañías de investigación privada a menudo se encuentran bajo una gran presión para construir una reputación sólida y producir para sus clientes, que a menudo incluye a un cliente que quiere que descubras lo que él o ella piensa o quiere en lugar de los hechos. Esto siempre ha sido una de mis preocupaciones principales acerca de este negocio.

Escuche, siempre debería querer hacer un buen trabajo para usted, su empleador y el cliente. Pero esto no debería ser a expensas de reducir sus estándares manipulando o adornando los hechos. Debe de aceptar el hecho de que su integridad cuenta, ya sea que otros estén de acuerdo o no. Si tiene la suerte de trabajar para una buena compañía, esto no debería de ser un problema, pero le quiero informar sobre esto.

Sinembargo, la cuestión del costo no desaparecerá. Siempre será una preocupación que afectará el número de investigadores asignados a una vigilancia. Y aunque finalmente he visto un ligero repunte en esta área, espere seguir yendo por su cuenta, algo que beneficiaria sus habilidades en el arte de la vigilancia porque no hay nadie más en quien apoyarse. Estar solo le enseña a mantenerse concentrado, a hacer malabares con las tareas y a pensar de forma diferente, porque los resultados dependen exclusivamente de usted.

Creo que también le ayuda a superar esa sensación de paranoia de que ha sido detectado, aun cuando no haya sido así. Esta paranoia de si será o ha sido detectado es un obstáculo común para muchos involucrados en esta especialidad de investigaciones privadas. Creo que es frecuente en toda la industria. Hace que muchos se desconecten de una vigilancia demasiado pronto, cuando en muchos casos, el sujeto ni siquiera se dio cuenta de que lo estaban siguiendo. En mis observaciones, esta vacilación para abordar a un sujeto a menudo ha ocurrido al comienzo de una vigilancia, es decir, en el momento en que el sujeto se vuelve activo. Este es uno de los puntos más críticos de la vigilancia porque es cuando identifica el sujeto y comienza a discernir patrones logísticos que lo ayudarán durante el resto de su vigilancia. Si usó las tácticas adecuadas, no hay casi ninguna razón para que su sujeto tome conciencia de usted tan temprano en el juego. En numerosas ocasiones he presenciado a investigadores que se desconectan de una vigilancia debido a esta preocupación.

Y otra cosa que he observado es que esta ansiedad puede ser contagiosa. Esto sucedió durante una vigilancia en la que participé, la cual requirió múltiples investigadores en varios vehículos. Un operador en esta vigilancia afirmó que el sujeto miró en su dirección, y en cuestión de minutos, algunos de los otros operadores se asustaron y comenzaron a reclamar lo mismo. Esto causó una división en el equipo, y como resultado, solo un par de nosotros seguimos comprometidos. Al final, resultó ser nada, y la vigilancia continuó durante varias horas y días sin ningún otro problema. Espero que no parezca insensible u orgulloso aquí; solo estoy ilustrando una condición que he presenciado con demasiada frecuencia en esta industria.

Cuando entré por primera vez al sector privado y comencé a hacer vigilancias, pensé que era fácil y que cualquiera podía hacerlo. Nunca me di mucho crédito por el trabajo que hice. Pero después de un tiempo trabajando en diversas situaciones con muchos investigadores diferentes, he llegado a comprender cuán difícil es realmente para cualquiera que lo haga. Así que no estoy minimizando las dificultades y desafíos que se presentan en este tipo de trabajo. Lo entiendo completamente, solo aquellos que hacen este trabajo pueden compartir esa sensación que se apodera de uno cuando un sujeto mira en su dirección. Pero trabajar en equipo todo el tiempo realmente no le ayuda a superar esta ansiedad cuando no se justifica. Lo que termina sucediendo es que los investigadores más asustadizos tienden a retroceder y permitir que otros investigadores hagan todo el trabajo, y eso no es justo.

Trabajar de forma independiente le ayuda a luchar contra eso porque todo depende de usted, y no hay nadie más con quien compartir la culpa si fracasa. Exponga sus habilidades y deficiencias. A través de este ejercicio, mientras lucha con su ansiedad, pronto se dará cuenta de que sus sujetos no siempre saben que los están siguiendo, y su confianza comenzará a crecer. Sin embargo, solo para ser claro aquí, va a perder sujetos en este negocio, y se va a quemar. Simplemente, esto viene con el territorio. Y hay razones legítimas para que ocurran esas cosas. Pero a veces se debe a tácticas deficientes o a darle demasiado crédito a los sujetos en su capacidad para detectarlo a usted.

Vamos a repasar la preparación en el siguiente capítulo con mayor detalle, pero para ser breve, si revisa el material de asignación que debería haberle proporcionado al inicio de su caso y hace las preguntas correctas, su operación debería ir bien sin necesidad de vacilar una vez que el sujeto se active. Hay situaciones en las que un sujeto ha sido seguido en el pasado por alguna otra empresa, o incluso por el mismo cliente, y estos han sido detectados. Esta no es una situación favorable para el próximo operador de vigilancia porque el sujeto ahora está en alerta máxima, pero aún se puede hacer si se planificó correctamente. Si está en este negocio por un tiempo prolongado, se enfrentará a situaciones como esta, habrá momentos en los que perderá a un sujeto debido a circunstancias imprevisibles tales como una condición de tráfico. Esto sucederá, y cuando suceda, relájese. Si ha realizado su trabajo diligentemente, eso es todo lo que se le puede pedir. En lo que respecta a las condiciones del tráfico, nadie debería exigirle que desobedezca las leyes de tráfico para mantener su vigilancia. Su vida y la vida de los demás son mucho más importantes que perder un sujeto.

Y cuando se queme, que así sea. Eso sucede. Mientras no sea por temeridad o falta de ética laboral, no te sientas mal. He visto a los investigadores salir y quemarse mucho al comenzar, y eso no me molesta si estan tratando de hacer un buen trabajo. Después de todo, no quemarse no siempre es un verdadero indicador de habilidad. Algunas veces el operador de vigilancia simplemente no está haciendo un esfuerzo, y eso me molesta. En el cumplimiento de la ley, se puede realizar una vigilancia con recursos y equipos casi ilimitados, lo que ayuda enormemente a evitar la detección. Pero en el sector privado, usted es un equipo de un solo hombre. Usted es el operador de vigilancia, el camarógrafo, el tomador de notas, el que va a seguir a pie si es necesario, el operador del vehículo, y así sucesivamente, sin nadie más que lo alivie. Entonces es un trabajo difícil, incluso para los que están en el cumplimiento de la ley con todos sus recursos.

A menudo recuerdo un episodio durante mi tiempo en la fuerza policial. Yo era parte de un equipo que estaba llevando a cabo una operación de narcóticos. Fue una vigilancia de toda la ciudad que involucró varios vehículos, y observé a un miembro del equipo quemarse. El sujeto se le acercó en su vehículo y le dijo que sabía que el oficial lo estaba siguiendo. Vi cómo todo se desarrollaba desde mi posición y me sentí mal por mi miembro del equipo. Hasta ese momento, nunca me había pasado algo así, y ese momento se grabó en mi mente. Hice un esfuerzo consciente para nunca permitir que eso me sucediera.

¿Recuerdas lo que dije en la introducción sobre este trabajo que te humilla? Años después, me retiré y entré en el sector privado, y recordé ese día cuando uno de mis sujetos se me acercó directamente y me dijo lo mismo: «Sé que me estás siguiendo». Me sentí abatido porque me había pasado esto. Había sido una de esas vigilancias de último momento que suelen aparecer de vez en cuando, cuando un cliente le da un solo día para disponer de los resultados. Así que fui allí decidido a no perder a este individuo, y me costó.

A veces, la presión de un caso anula su buen juicio y hace que use tácticas deficientes. No es una excusa porque me queme; fue mi culpa, y yo soy el responsable de eso. Pero hay un buen equilibrio en la forma en que hago una vigilancia. No voy a decirle cómo hacer la suya. Solo estoy siendo transparente aquí para darle una idea de cómo opero. Nunca quiero quemarme, pero por el bien de un caso, me arriesgaré de vez en cuando en el último día de operaciones cuando aun no he encontrado lo que creo es el elemento clave de la verdad. Pero se necesita ser sabio aquí. Si realiza una vigilancia potencialmente peligrosa que involucra drogas, crimen organizado o un caso relacionado con pandillas, sí, tendrá algunos de estos casos en el sector privado, necesita utilizar una planificación logística adecuada y sentido común con respecto a su propia seguridad.

Habrá momentos en que notará que un sujeto comienza a estar más consciente de su entorno. En este punto, sin entrar en pánico, necesita evaluar adecuadamente la situación y considerar si hay suficiente razón para dar un poco hacia atrás para darle un poco de espacio adicional a su sujeto. Si después de su evaluación, ha decidido soltar las riendas sobre el sujeto y, como resultado, perder de vista el sujeto o concluir que debe finalizar la operación por razones justificadas, entonces ese curso de acción es aceptable; en esta etapa de la vigilancia, está tratando de preservarlo. Desea evitar cualquier confrontación, y no quiere complicar aún más las cosas para usted o para otros que pueden continuar la vigilancia después de usted, o en adición a usted.

La capacidad de discernir si sus inquietudes son válidas lógicamente tomará un tiempo cuando usted comienze en este negocio. Si bien le aconsejo que supere su miedo, también le sugiero encarecidamente que tenga precaución. Un operador de vigilancia efectivo debe encontrar tácticas balanceadas, entre ser agresivo y al mismo tiempo cauteloso. El exceso de uno de ellos no le beneficiará en absoluto. Y no importa en qué etapa esté usted en su desarrollo, cuando su instinto le comience a decir que algo no está bien, recuerde la frase "espacio o terminar".

A medida que este panorama de la vigilancia continúa, debe comenzar a surgir una imagen más clara de la singularidad de esta ocupación. Las horas de trabajo generalmente no son tradicionales en comparación con el resto de la sociedad, y encontrará que esto proporciona una gran flexibilidad que puede ser utilizada para su beneficio. Como investigador de vigilancia, se pasa casi todo el tiempo solo y en el campo. La única razón para que vaya a la oficina es para entregar videos y fotos o quizás para recoger o dejar equipos si no tiene los suyos.

Al conducir una vigilancia, ya sea solo o con otro investigador, está operando sin supervisión directa. En el campo, básicamente está tomando todas las decisiones relacionadas con el objetivo de la tarea. No se espera que llame con frecuencia a su empleador con cada detalle que está ocurriendo en su vigilancia, sino que una actualización periódica debería ser suficiente. Las razones lógicas para llamar serían para obtener más instrucciones relacionadas con el contrato realizado con el cliente y compartir importantes desarrollos en curso en la vigilancia. Aparte de eso, existe una gran cantidad de responsabilidad sobre sus hombros, por lo que debe ser un individuo confiable. Debido a la naturaleza y fluidez de esta profesión, es difícil supervisar a los investigadores en el campo, y la única forma en que su empleador puede determinar su integridad y rendimiento es mediante su producción.

Ahora, la producción no necesariamente significa que siempre debe proporcionar evidencia del supuesto acto. En algunos casos, el sujeto puede no materializarse ni hacer nada incorrecto. Sin embargo, la producción se puede demostrar mediante las notas que toma de sus acciones y observaciones realizadas en el lugar de su asignación. Sus notas y grabaciones también deben revelar su hora de llegada y salida. He escuchado historias de investigadores que ni siquiera aparecieron para su asignación y afirmaron haber estado allí, o que se aparecieron solo para quedarse dormidos. Afortunadamente, esto no es una ocurrencia común. Habiendo dicho eso, creo que la mayoría en esta industria estarán de acuerdo conmigo en que es difícil encontrar buenos investigadores de vigilancia. Y aquellos con una buena ética de trabajo e integridad llegarán en algún momento a la cima y obtendrán los frutos de sus esfuerzos a medida que se corra la voz.

Lo que más me gusta de este trabajo es que en el campo, la calle es su oficina, y lo aliento a aprovechar todas las ventajas que ofrece la calle. Para mí, la calle, especialmente en las áreas urbanas, es como un escenario, lleno de accesorios limitados solo por mi imaginación. Estoy revelando mi edad, pero las cabinas telefónicas solían ser una herramienta útil para usar como un puesto de observación en los tiempos de antaño. Con el advenimiento del teléfono celular, ya no se ven muchos de esos, y estar en uno hoy llamaría más la atención sobre usted. Sin embargo, todavía hay muchas cosas que pueden ofrecer ocultamiento. Los vendedores ambulantes, las paradas de autobús, los restaurantes y mirar las vitrinas, le brindan oportunidades para integrarse al ambiente.

Hablando de vitrinas, también puede usar el reflejo de una ventana de la tienda para monitorear su sujeto mientras pretende estar interesado en algún artículo. Esta es una técnica de contravigilancia común, así que asegúrese de que su sujeto no esté usando esta técnica con usted también. Las ventanas de oficinas, los parabrisas de los automóviles, los espejos laterales de los vehículos grandes e incluso la reflexión en el costado de un vehículo limpio pueden ayudar a identificar la ubicación de su sujeto sin hacer contacto visual directo con la persona. Debe tomar en cuenta que nunca debe hacer contacto visual con el sujeto. Use su visión periférica para monitorear.

Para darle un ejemplo de la vida real en la calle, recuerdo un momento en que me encomendaron la responsabilidad de ser un "fantasma" para otro oficial encubierto que estaba realizando una gran transacción de narcóticos. Ser un "Fantasma" es cuando usted se mezcla en el ambiente sin ser detectado, para reunir información de inteligencia y brindar protección a otro oficial. En este caso, la transacción fue en un vecindario urbano y residencial sin nada que ocultara mi presencia ni me proporcionara una excusa para estar allí. Mientras miraba a mi alrededor, descubrí una llanta de automóvil abandonada y se me ocurrió una idea basada en mi experiencia de haber crecido en la ciudad. Recogí la llanta y la comencé a rodar cerca de donde se llevaría a cabo la transacción, bajo el pretexto de que estaba tratando de vender la llanta. No estoy seguro de si esto suena extraño para usted, pero en el vecindario en el que crecí, vender llantas de automóvil de esta manera era una forma común de sobrevivencia para ciertas personas.

De todos modos, esta acción me permitió hablar con los peatones y ganar tiempo, ademas de parecer patético y no amenazante, que era exactamente lo que quería. También localización utilicé restaurantes que brindan una línea de visión sin obstrucciones al sujeto o a la localización deseada. Sin embargo, las comunidades suburbanas y prósperas presentan los mayores desafíos porque a menudo carecen de edificios comerciales, tiendas, restaurantes y otras cosas disponibles en la ciudad. La vigilancia a pie en este tipo de ambiente es prácticamente imposible. Cuando se está en una vigilancia móvil en los suburbios, tiene que ser aún más creativo porque sentarse en su automóvil durante un período prolongado de tiempo en algún momento llamará la atención hacia usted. Debe aprender a esconderse en plena vista.

Una cosa que he hecho en situaciones como esta es aparcar justo detrás de un vehículo utilitario, como un camión de jardinería que puede estar trabajando en el area, o en algun sitio de construcción. Esto me hace lucir como si fuera parte de la acción. Obtuve esta idea al observar a los propietarios o gerentes de las empresas contratadas cuando llegaban a un lugar en un vehículo civil para verificar a sus trabajadores. A los jardineros no les importa porque están ocupados trabajando y no les preocupa que usted este allí. También se puede estacionar cerca de una casa que esté a la venta y asi usted parece estar interesado en la propiedad. Ninguna de estas opciones le va a comprar mucho tiempo, pero funcionarán temporeramente hasta que necesite recurrir a otras medidas.

El último recurso sería hacer lo que yo llamo "Verificaciones Esporádicas". Durante un chequeo esporádico, usted se estaciona totalmente fuera de la vista de la localización deseada y realiza periódicamente paseos con su vehículo o a pie, para verificar el estado del sujeto. Algunas áreas requieren que se haga esto porque es imposible que usted tenga el único vehículo estacionado en un bloque por un período de tiempo sin ser detectado. Imagínese a si mismo llegando a su casa y viendo un vehículo extraño estacionado en su vecindario con alguien sentado adentro durante mucho tiempo. Se va a preocupar y quizás llame a un vecino o a la policía. En algunas situaciones, el vecino afectado incluso puede llamar al sujeto que estás observando.

Eventos como este les ocurren a los investigadores todo el tiempo, por lo que debe implementar métodos legales, pero poco ortodoxos para evitar la menor cantidad posible de interrupciones en su operación. Una vez que adquiera los patrones de su sujeto y la dirección de su ruta, puede comenzar a expandir la zona de vigilancia. Lo hago con bastante frecuencia y con un alto grado de éxito después de haber determinado la dirección probable de la ruta. En una ocasión, establecí un puesto de observación a media milla de la residencia del sujeto. Estacioné mi vehículo en un parque desde donde pude observar el vehículo del sujeto mientras pasaba cada vez durante varios meses, sin ser detectado.

Esta estrategia puede ser un poco incómoda, especialmente para su empleador, pero no puedo pensar en otra forma de hacerlo para tener éxito. El único problema con esta estrategia son los frecuentes paseos que debe hacer para hechar un vistazo, ya que la capacidad de permanecer "callado" es parte esencial del arte de la vigilancia. Para propósitos de nuestra discusión, "Callado" significa ser invisible y moverse de forma inconspicua, y esto se aplica tanto a la vigilancia móvil (vehículo) como a la vigilancia a pie. Voy a profundizar en esto en los capítulos 4 y 5. Por lo tanto, hechar un vistazo, no es ser "callado" porque usted está manejando periódicamente en la localización del sujeto, y con cada pase se expone a sí mismo más y más, no solo al sujeto, sino también a los vecinos. Pero realmente no tiene otra opción cuando se trata de situaciones que enfrentará en ambientes suburbanos.

A menudo les he dicho a los investigadores que están aprendiendo este negocio que deben discernir cuándo dejar el libro de texto sobre vigilancia y adaptarse a la realidad de la vigilancia en el sector privado. La vigilancia, textualmente, funciona bien en la aplicación de la ley porque usted está operando en equipo y tiene la estructura y, posiblemente el mejor factor de todos, el tiempo. Una vez más, en el sector privado, usted trabaja solo la mayoría de las veces, y el mejor equipo no siempre está disponible si no tiene el suyo propio. Agregue a eso el hecho de que también está trabajando para clientes que generalmente operan dentro de un presupuesto y con limitaciones de tiempo, y de repente el tiempo se convierte en una limitación para su efectividad. Son muchos los elementos de una vigilancia, y solo estamos comenzando.

Hasta ahora hemos visto, a vuelo de pájaro, como preparar el escenario para lo que realmente ocurre detrás del escenario y cómo debe llevarse a cabo una vigilancia en el mundo de la investigación privada. Pero antes de entrar en la materia sobre el asunto de la vigilancia, primero tenemos que establecer una base que lo guiará hacia el éxito. Y esta base es la etapa de preparación y planificación, el tema de nuestra próxima discusión.

Puntos clave:
- Entender que la clave de la vigilancia es ser invisible.
- Aceptar que la vigilancia no es fácil.
- Sea equilibrado en la forma en que realiza sus vigilancias.
- Concéntrese en los patrones de comportamiento de su sujeto, especialmente en las etapas iniciales.
- Supere el temor de que haya sido detectado cuando en realidad no lo ha sido.
- Recuerde que es mejor perder el sujeto que quemarse.
- Mantenga la calma y no se asuste cuando alguien se le acerque.

- Considere los alimentos apropiados al prepararse para una vigilancia.
- Manténgase hidratado.
- Evite tener accidentes.
- Sea "callado" durante su vigilancia y limite sus movimientos tanto como sea posible.
- Use la calle a su favor y descubra formas de esconderse a plena vista.

Capítulo 3

Preparación, Planificación y Estrategia

Para el investigador de vigilancia, la improvisación juega una parte importante en el transcurso de una vigilancia, pero nunca debe usarse como una excusa para descuidar la preparación y la planificación. La preparación adecuada también reconoce la necesidad de adaptarse para que no le sorprenda lo inesperado. El hecho es que sus sujetos no están siguiendo un guión. La preparación es un elemento básico fundamental para todo investigador de vigilancia exitoso. El legendario artista marcial Bruce Lee lo dijo mejor: "Las habilidades avanzadas son los principios dominados".

Desde el momento en que recibe su asignación, su tarea inicial debe ser leer toda la información proporcionada sobre su sujeto y familiarizarse con este individuo. En mi situación, generalmente me envían una asignación por correo electrónico, que puede incluir todos o algunos de los siguientes: objetivo del caso, nombre del sujeto, altura, fecha de nacimiento, domicilio, lugar de empleo, vehículo asignado, ubicaciones secundarias conectadas al sujeto, y una foto si tengo suerte. Descubrirá que los clientes que proporcionan una fotografía a menudo emiten una que está desactualizada, asi que debe centrarse en las características de su sujeto para ver si puede detectar una característica o características específicas que lo ayudarán a identificar al individuo.

Al examinar la foto, debe enfocarse en lo siguiente: color de ojos (aunque no siempre es posible en una foto), forma de ojos, cejas, forma de la nariz, forma de los labios, orejas, forma de la barbilla, la frente, largo del cabello, peinado y color, cicatrices, tatuajes, posibles lentes y cualquier joyería o perforaciones (corporale). Identificar al sujeto de una foto es una de las cosas más difíciles de hacer en vigilancia, incluso con una fotografía actual. La ropa, especialmente las gafas de sol y los sombreros, pueden alterar la apariencia de alguien y evitar la identificación anticipada de la identidad del sujeto. Sin embargo, la ropa también puede ser útil para hacer una identificación si lo que lleva puesto en la foto también es lo que lleva puesto el día de su vigilancia.

Esto es especialmente cierto cuando se trata de hombres y su calzado, ya que normalmente no tienen una gran selección de zapatos. Recuerdo haber usado este método en un aeropuerto una vez. Había localizado a un hombre que se ajustaba a la descripción de una foto que me habían proporcionado junto con mi asignación. No estaba 100 por ciento seguro de si este era el sujeto en cuestión hasta que miré sus pies. Fue entonces cuando me di cuenta de que estaba usando los mismos zapatos que se muestran en la foto.

Una vez que complete su examen de la foto, le recomiendo encarecidamente que cargue la foto en su teléfono. Repasaremos la tecnología y el equipo en un capítulo posterior, pero si no tiene un teléfono inteligente, debe considerar uno porque es una herramienta indispensable para tener en esta línea de trabajo. La razón por la que le recomiendo que transfiera la foto a su teléfono es porque imprimir una copia lo deja vulnerable a un lapso momentáneo cuando pueda dejar la foto en el asiento de su automóvil, visible para cualquiera, incluso el sujeto. Lo mismo es cierto si está vigilando a pie. Podría soltar la foto accidentalmente, y el sujeto o alguien que conoce el sujeto podría recogerla. Así que guárdelo en su teléfono y mírelo a menudo hasta que lo memorice. Además, tenga en cuenta sus alrededores al mirar

Preparación, Planificación y Estrategia

una foto. No quiere que nadie mire por encima del hombro y vea lo que está mirando.

Lo próximo en la agenda sería planear la ubicación del lugar donde ha de comenzar su asignación, antes de reportarse a la ubicación. Si renuncia a este paso, se coloca en una situación de desventaja que le priva de la oportunidad de prepararse y elaborar estrategias para lo desconocido. Planear la ubicación es realmente una buena opción ya que la mayoría de las compañías y clientes no autorizan la pre-vigilancia, que es un reconocimiento físico del área antes del comienzo de la vigilancia real. Afortunadamente, la tecnología juega un papel tremendo en las operaciones de vigilancia, y ahora podemos ver la ubicación por nosotros mismos sin siquiera estar presentes.

Entonces, ¿cómo va a planear una ubicación? Probablemente ya haya descubierto esto, pero las computadoras y los teléfonos inteligentes lo hacen simple. Puede ir a cualquier sitio de mapas como "Google Earth", ingresar la (s) ubicación (es) de interés y presionar las pestañas "Mapa" y "Satélite" para obtener diferentes perspectivas de la (s) ubicación (es). En cualquiera de las vistas, debe poder hacerse una buena idea de en qué tipo de vecindario va a operar. Determinar si el área es comercial, industrial, residencial, urbana, suburbana o rural es vital para la forma en que se preparará y lo que puede esperar. También puede ayudarle a desarrollar una excusa para estar en esa área si un ciudadano preocupado le contacta. En un área residencial, por ejemplo, puede determinar el tipo de vivienda que existe, por ejemplo, si hay viviendas unifamiliares, viviendas multifamiliares o viviendas públicas.

Como mencioné en el capítulo anterior, un desafío con el que estoy bastante familiarizado es realizar vigilancias en comunidades residenciales suburbanas. Obtener una vista de satélite de la ubicación de interés me permite ver si hay vehículos estacionados en la calle. No desea llegar a su asignación y sorprenderse al ver que su automóvil será el único estacionado en la calle, mientras que todos los demás estarán estacionados en los caminos o garajes. Tiene que planear para estas situaciones, y el conocimiento previo puede ser de gran ayuda para encontrar una solución. Trazar el mapa de una ubicación también le proporcionará patrones de tráfico en el vecindario y posibles rutas de viaje del sujeto, especialmente si su asignación menciona la primera ubicación a la cual viajará su sujeto. En algunos casos, es posible que incluso pueda ver el vehículo o las señales de la calle que revelan las restricciones de estacionamiento, como las normas de estacionamiento de lado alterno de la calle. Este conocimiento avanzado del área de operación puede ayudarlo a elegir una estación de observación óptima, una que le proporcione una buena ocultación o reduzca la posibilidad de ser detectado.

Aunque me refiero al tema de los puestos de observación, casi nunca recomendamos que se siente frente a la localización objetivo a menos que sea absolutamente necesario o si está trabajando con un equipo y su único objetivo es ser observador en un vehículo anodino que no seguirá el sujeto. Al operar en la capacidad que se acaba de describir, el investigador ubicado en frente de la localización alertará a los otros miembros del equipo de que el sujeto ya ha salido de su ubicación y sobre la dirección de su ruta. Esta técnica a veces es necesaria debido a complicaciones en la identificación de un sujeto. Puede ser un domicilio con un garaje adjunto ocupado por varios vehículos y una puerta que conduce directamente al hogar.

En este ejemplo, si otras personas viven en este lugar y el acceso al vehículo está oculto de la calle, necesitaría saber a la distancia quién está en cual vehículo cuando este salga. No querrá que una caravana de vehículos que han sido posicionados estratégicamente en sus puestos de observación, se mueva sin confirmar si tienen el sujeto correcto. Pero aun asi, esta propuesta conlleva riesgos, y es más apropiada para aquellos con mucha experiencia.

Personalmente, siempre trato de sentarme lo más lejos posible. De esta forma, si despierto sospecha, será alguien a una distancia razonable del sujeto. Es un hecho que se levantaran algunas sospechas en este trabajo, por lo que tiene que crear una estrategia para eso. Yo

Preparación, Planificación y Estrategia

configuro un puesto de observación lo más lejos que pueda, pero con una línea de visión directa a la ubicación objetivo. Si levanto sospechas y siento la necesidad de moverme, tendré el espacio para hacerlo sin perturbar el área objetivo inmediata. Esta estrategia también puede hacerte ganar tiempo. Posicionarse a una buena distancia de la ubicación del objetivo le permite acercarse más lentamente cuando está en vigilias largas, y sentarse en un lugar durante horas atraerá atención no deseada. Esta táctica ayuda a preservar el área inmediata que rodea la ubicación objetivo y evita que el sujeto la detecte prematuramente.

Durante una de mis largas vigilias, un residente que no era parte de la investigación se acercó agresivamente a mi vehículo, gritando y exigiendo a saber lo que estaba haciendo. Intenté tranquilizar su mente, pero era obvio que este tipo había perdido la cabeza. Simplemente enrollé mi ventana y llamé a la policía para ver qué querían que hiciera. Oyeron al tipo gritar afuera de mi auto y me dirigieron al precinto. Es por eso que nunca es bueno sentarse demasiado cerca de la ubicación donde se encuentra su sujeto. Este tipo llamó mucho la atención hacia mí, y terminamos en el precinto local para resolver el problema antes de que mi sujeto pudiera darse cuenta de mi presencia. Esto no sucede a menudo, así que no se preocupe demasiado. Solo sepa que los residentes pueden atraer atención hacia usted.

Otra cosa que puede llamar su atención es su vehículo. Si tiene un vehículo que es caro, tiene un color único o incluso tiene algo tan simple como una etiqueta adhesiva en su ventana o el parachoques, puede identificarlo fácilmente. En la historia mencionada anteriormente, habia estado siguiendo a este sujeto durante un largo período de tiempo, tal vez meses. En algún momento durante ese tiempo, en un día libre, alguien había rozado el panel delantero izquierdo de mi vehículo mientras estaba estacionado. El automóvil estaba operativo, pero tuve una abolladura significativa y supe que tenía que arreglarlo pronto, porque temía que de lo contrario me haría notorio durante mis vigilancias. Bueno, el chico que me había gritado mencionó que sabía que estaba en el vecindario antes debido a la abolladura en mi vehículo. Tengo un vehículo común con un color común que me permite mezclarme en cualquier lugar; el problema era la abolladura.

Después de familiarizarse con el sujeto y todos los puntos de interés, debe comenzar a evaluar qué equipo es necesario para ejecutar la vigilancia. Algunos de los elementos esenciales son una videocámara, una cámara encubierta, un cuaderno o una grabadora de voz, y un GPS con todas las direcciones pertinentes relacionadas con su caso ya programadas en su dispositivo. Si tiene más que esto y puede administrar traer más equipo, entonces por supuesto, hágalo. Nunca se sabe cuándo puede ser útil. Llevo dos videocámaras conmigo en todo momento, solo para estar seguro.

Una vez haya escogido su equipo, debe asegurarse de cargar completamente todos sus dispositivos y probarlos para asegurarse de que estén operativos. No espere a probarlos en el campo porque ese no es el lugar donde desea descubrir que un dispositivo no funciona bien. Las pilas gastadas pueden causar otro problema imprevisto que arruinará tu día. La mayoría de los clientes esperan que sus grabaciones de video tengan el sello de la fecha y la hora porque es una evidencia útil, y si la batería de su dispositivo se apaga, puede ir automáticamente a una configuración predeterminada, dándole la fecha y hora incorrectas en su dispositivo de grabación. Esto probablemente llevará a sus empleadores a la exasperación y no puede culparlos. Por lo tanto, sería aconsejable verificar siempre que su marca de tiempo sea precisa. Además, tenga en cuenta los cambios de tiempo en la primavera y el otoño, ya que desea evitar hacer grabaciones en el momento equivocado.

El elemento indispensable al que aludí antes es su teléfono celular, preferiblemente un teléfono inteligente. Los teléfonos inteligentes proporcionan muchos servicios para un investigador de vigilancia, y absolutamente deben cargarse por completo antes de salir. Dado que el teléfono celular es tan importante, siempre debe llevar un cargador, no solo para su teléfono, sino también para todo su equipo en el caso de una vigilancia prolongada.

Preparación, Planificación y Estrategia

Una buena pieza de equipo para invertir es algo llamado "inversor de corriente". Se puede enchufar directamente en el encendedor de cigarrillos y viene con enchufes electricos y puertos USB para enchufar todos sus dispositivos cuando se realiza una vigilancia móvil.

Una vez que todos sus equipos estén completamente cargados y en funcionamiento, necesita verificar el clima y seleccionar la ropa correcta que corresponda con la vigilancia que está realizando. La mayor parte de mi atuendo de vigilancia es de color oscuro o neutro; de esta manera puedo mezclarme y evitar destacarme. Aprecio cuando mis sujetos usan colores brillantes o de neón porque puedo verlos desde una distancia segura y recuperarlos rápidamente en una multitud. Esta es la razón por la cual los investigadores deben evitar usar estos colores - para permanecer ocultos.

Si está haciendo una vigilancia móvil, debe preparar su vehículo llenando primero el tanque. No quiere seguir un sujeto y de repente tiene que desconectarse porque se está quedando sin combustible. Además, asegúrese de llenar la noche o el día anterior; todo tipo de cosas pueden surgir en el día de la vigilancia que retrasará su hora de salida y le hará llegar tarde. Antes de salir de la estación de servicio, verifique si tiene suficiente cambio en su vehículo. Muchos lugares tienen parquímetros, y tener un cambio a mano le permite aparcar legalmente rápidamente en caso de que tenga que iniciar una vigilancia de pie.

Aquí en la costa este de los Estados Unidos, un pase llamdo E-ZPass es imprescindible, especialmente si está realizando una vigilancia móvil. A menudo, seguirá a los sujetos a través de las cabinas de peaje, y no desea restringirse al carril de efectivo mientras su sujeto pasa por el carril de E-ZPass. Y no importa qué tipo de vigilancia esté haciendo, siempre debe tener una tarjeta similar a la que tenemos en los Estados Unidos llamada "Metro Card" totalmente financiada y actualizada para acceder rápidamente al sistema de transporte público en caso de que tenga que iniciar una vigilancia a pie.

El siguiente en la lista es un elemento muy importante, pero a menudo descuidado: las ventanas de su automóvil. Los clientes no quieren ver manchas o suciedad en sus ventanas al ver su grabación de eventos. No solo distorsiona la vista, sino que también se ve poco profesional. Si vive en un área como la mía, esto puede ser un verdadero dolor. He limpiado las ventanillas de mi auto a veces justo antes de irme para una vigilancia, solo para conducir a través de una zona de trabajo en la carretera o llegar a un lugar donde los jardineros están trabajando. En ambos casos, la basura se arroja hacia atrás en mis ventanas y las ensucia nuevamente.

El clima inclemente es otro problema inevitable. Lo que puede hacer es detenerse justo antes de llegar a la ubicación de destino, asegurarse de que esté a una distancia segura y limpiar las ventanas allí. Incluya sus espejos de vista lateral también. Para maximizar aún más la visibilidad durante una vigilancia móvil, retire todos los reposacabezas de los pasajeros para eliminar cualquier obstrucción visual que pueda interferir con su navegación.

Por último, obtenga algo de entretenimiento para su vehículo. No me refiero a un libro o revista; eso quitará sus ojos del objetivo. Estoy sugiriendo CD o audiolibros que le ayuden a mantenerse concentrado en esos largos días en los que está sentado en su auto esperando que ocurra algo. Tengo radio SiriusXM en mi vehículo, y ha valido hasta el último centavo. También tengo ciertos podcasts que son interesantes e instructivos en muchas áreas, incluidas las investigaciones privadas. La vigilancia puede ser larga y aburrida, por lo que debe probar diferentes cosas para mantenerse despierto. Si se encuentra en un entorno público con muchas distracciones, incluso puede salir de su vehículo e ingresar a un establecimiento local como un restaurante de comida rápida o una lavandería que tiene ventanas que dan al área de destino. La siguiente es una lista de verificación que he incluido para ayudarlo en su preparación.

Preparación, Planificación y Estrategia

Lista de comprobación

- Revise toda la información con respecto a su asignación.
- Planear la ubicación.
- Seleccione su equipo.
- Preprograme todas las direcciones conectadas con su vigilancia en su radar (GPS) antes de llegar a la ubicación.
- Cargue todo su equipo.
- Verifique que su equipo esté en funcionamiento y que el sello de fecha / hora sea correcto.
- Lleve tarjetas SD adicionales para sus dispositivos de grabación.
- Llevar una tarjeta Metro completamente financiada y actualizada.
- Verifique el pronóstico del tiempo.
- Vestir apropiadamente.
- Llene el tanque de combustible en su vehículo.
- Limpie todas las ventanas de su vehículo de vigilancia.
- Prepare su comida para el día: barras de proteínas, batidos de proteínas, etc.
- Desarrolle una excusa para estar en el área de operación.

Puntos clave:
- Lea la asignación completa y familiarícese con el sujeto y sus características si se proporcionó una fotografía.
- Trazar el mapa de la ubicación de operación.
- Analice la foto del sujeto para detectar las características claves.
- Preprograme un radar (GPS) independiente con todas las ubicaciones relacionadas con su sujeto.
- Evite la confrontación.
- Cargue todo su equipo.

- Si está en una vigilancia móvil, asegúrese de que su vehículo tenga un tanque lleno de gasolina. Evite tener una copia impresa de los detalles de la asignación.
- Evite configurar puestos de observación que estén cerca de la ubicación de destino.

Capítulo 4

Vigilancia móvil (Vehículo)

La mayoría de las vigilancias son móviles, lo que significa que un vehículo está involucrado y es necesario vigilar a un sujeto que puede estar viajando en automóvil. Incluso si su sujeto no usa un vehículo para moverse, su vehículo de vigilancia aún ofrece una excelente ocultación desde la cual puede hacer sus observaciones. Para la vigilancia móvil, es necesario un vehículo bueno y confiable. El vehículo no debería tener arañazos, marcas o daños visibles como una abolladura. Elimine o evite colocar calcomanías de parachoques de cualquier tipo en su vehículo u otro adorno o placa de vanidad que pueda identificarlo. También debe estar en un vehículo común que se mezcle bien en todas partes, no en un automóvil ostentoso o que pueda asociarlo con la policía.

Además, evite un SUV de gran tamaño a menos que se encuentre en un área donde el vehículo se mezcle y la asignación lo requiera. A algunos investigadores les gusta usar minivans por toda la comodidad y espacio que brindan y la capacidad de hacer observaciones y grabaciones desde el compartimiento trasero. Los SUV de tamaño pequeño a mediano son agradables porque usted obtiene algunas de las comodidades de un vehículo más grande, y hay suficientes en el camino que le permiten integrarse.

Uno de los argumentos en defensa de SUV y minivans es que le permiten ver por encima de los vehículos más pequeños para que pueda mantener una visión visual sin obstáculos del vehículo de destino. Es un buen argumento, pero personalmente prefiero los vehículos más pequeños porque se puede esconder mejor, encontrar el estacionamiento mucho más fácil y usar combustible de manera más eficiente. También proporcionan una excelente maniobrabilidad cuando necesita realizar movimientos rápidos o navegar en el tráfico. Los SUV y crossovers más pequeños también brindan esta agilidad, y mi única duda es que, dado que son más altos que los vehículos bajos (sedán), son más visibles. Sin embargo, debo admitir que, debido a los muchos años de vigilancia, mi espalda ha recibido una paliza. Como resultado, ahora estoy obligado a considerar comprar un pequeño SUV.

Lo siguiente a considerar seriamente es el color de su vehículo. Los tonos neutros o tierra como gris, pizarra, verde, bronceado o marrón son buenas selecciones. En mi opinión, los colores metálicos también son agradables porque tienden a disfrazar sus verdaderos colores dependiendo de las condiciones de iluminación. Evite el color blanco, amarillo, rojo o cualquier color exótico que llame la atención sobre usted. Algunos investigadores recomiendan evitar los vehículos negros, tal vez porque emparejar ese color con vidrios polarizados hace que el automóvil se destaque un poco más.

Notará que los colores juegan un papel importante en este negocio a medida que avanzamos hacia el interior del vehículo. Preferiblemente, su interior también debe estar oscuro; ya sea cuero o tela realmente no importa. Un interior oscuro le oculta significativamente si está usando ropa oscura, mientras que un interior ligero sirve de contraste para usted o para cualquier otra persona sentada en el vehículo, haciéndolo más visible.

Lo siguiente es el teñido de ventana. Antes de decidir teñir las ventanas de su vehículo, primero debe averiguar cuál es la ley en el pueblo donde reside y trabaja. Menciono dónde reside y trabaja porque puede hacer un poco - o mucho - trabajo fuera del pueblo en el que vive. Hay diferentes opiniones cuando se trata de teñir su vehículo para la vigilancia. Algunos pueden decir que teñir su vehículo le hace

Vigilancia móvil (Vehículo)

más sospechoso y amenazante. Otros dicen que solo debe teñir las tres ventanas traseras para evitar sospechas. Teñir las tres ventanas traseras de su vehículo me indicaría que desea grabar desde el área de asientos traseros. Eso significa que se moverá constantemente de la parte delantera a la parte trasera de su vehículo. Incluso puede necesitar salir de su vehículo para hacer esto.

Todos tienen su propio estilo en esta línea de trabajo, y si esto le conviene, está bien. Hay momentos en los que sentarse en la parte trasera de su vehículo es totalmente recomendable, y lo hago de vez en cuando cuando lo considero necesario. Incluso puede comprar una barra de cortina de tensión y cortinas negras para dividir el área de asientos delanteros desde la parte posterior, ofreciéndole una excelente ocultación. Inventé un aparato similar para esas situaciones especiales en las que era necesaria la grabación desde atrás, pero no voy a equipar totalmente mi automóvil para grabar estrictamente desde la zona de asientos traseros. Requiere mucho movimiento, y con todo su equipo, algo se perderá. Además, si tiene que entrar y salir de su automóvil cada vez que lo hace, eso es más exposición y atención que atrae a sí mismo. Prefiero teñir todas las ventanas de mi auto a excepción del parabrisas. Una vez más, verifique las leyes de su pueblo, pero incluso puede aplicar algo llamado "franja sombreada" que le permite teñir una pequeña porción del parabrisas que puede actuar como protector solar.

En cualquier caso, debido a que el interior de mi automóvil es negro, ni siquiera necesito usar tinte de limusina porque mi interior oscuro mejora la oscuridad a pesar del hecho de que uso un tono más claro en mis ventanas. También puede usar una combinación de diferentes niveles de tinte. Por ejemplo, utilizo un tinte más claro para las ventanas delanteras que para las traseras, de modo que puedo ver un poco mejor por la noche y también cumplir con la ley. Al final, es su decisión y debe ser determinada por las leyes de su pueblo y por su estilo y comodidad en la forma en que realiza su vigilancia.

Operacional

Ahora, veamos cómo llevar a cabo una vigilancia móvil. En su preparación, también debería haber activado su radar (GPS) para ver cuánto le tomaría llegar a la ubicación de su asignación. Debes considerar las condiciones del tráfico y las obras viales en el momento de su partida porque no quiere llegar tarde. Deje todas sus joyas en casa porque anillos, collares y aretes brillan y revelan su presencia en el vehículo. Además, comprométase a recordar al menos una placa de automóvil que esté relacionada con su caso; es posible que se tropiece con él cuando se acerque a la ubicación de la operación en caso de que el sujeto haya tenido un inicio más temprano. Todas las ubicaciones relacionadas con su asignación ya deben estar instaladas en su GPS para que pueda tener acceso inmediato a ellas cuando lo solicite. Más adelante, explicaré cómo esto puede ser aún más beneficioso.

Sin embargo, habrá ocasiones en que su GPS tendrá dificultades para localizar direcciones específicas. En varios de estos casos, descubrí que mi teléfono inteligente ha salvado el día a través de la aplicación de mapas, solo otro complemento de por qué el teléfono inteligente es tan esencial para la vigilancia. Independientemente del tipo de vigilancia que esté realizando, es una práctica común en el negocio hacer una documentación en video de su llegada al área de operación (consulte el informe de muestra en el capítulo 7).

He agregado un pequeño giro a esto al incluir mi GPS en el video. A veces, cuando uso mi GPS para llegar a la ubicación de mi asignación, grabo la pantalla del GPS en la parte delantera de mi cámara, mientras capturo el audio del GPS que indica que estoy llegando a mi destino, mientras grabo la ubicación objetivo en el fondo. Esto no es necesario y puede ser riesgoso si alguien ya está afuera. Es solo algo que tiro a veces para mostrar la hora de mi llegada y la prueba de que estoy en el lugar. Hay momentos en que esto puede ser necesario, pero definitivamente no obligatorio. También trato de reunir rápidamente tanta información como sea posible cuando llego inicialmente a una ubicación para no tener que seguir regresando. Continuar regresando a la ubicación de destino para recopilar fragmentos de información omitida solo aumenta las posibilidades de que sea detectado.

Un beneficio de llegar temprano a su asignación es que le proporciona el tiempo suficiente para configurar y explorar (Una búsqueda realizada para la propósito de localizar a una persona o cosa) el área para una observación ideal. Planear el mapa de la ubicación en línea desde su hogar u oficina no siempre revela esto. Una vez tuve un caso en el que el sujeto vivía en una comunidad muy estrecha con caminos estrechos. Era imperativo observar a este individuo salir de su casa y su actividad en el área del garaje. Después de explorar el área, descubrí que, entre dos casas en un bloque adyacente, tenía una línea de visión clara de la residencia del sujeto, el garaje y el camino de entrada. Era un lugar perfecto que brindaba ocultamiento y también me permitía ver en qué dirección viajaría el sujeto al salir de su casa. Esta ubicación no habría sido visible desde el software satélite de la computadora. Durante su análisis del área de operación, también tiene la opción de buscar un terreno más alto, que de vez en cuando proporciona una excelente y segura observación.

Explorar el área también puede incluir su búsqueda de vehículos asociados con su caso. Cuando busque vehículos, no se centre únicamente en la marca y el modelo del vehículo; busque el número de la placa también. No puedo decirle cuántas veces me dieron una descripción incorrecta de un vehículo, solo para encontrar el vehículo correcto porque también estaba buscando el número de placa. Se debe considerar que su sujeto pueda incluso transferir arbitrariamente su placa a un vehículo diferente por completo. Otras veces, el número de placa también puede estar incorrecto por un número o letra, por lo que debe ser capaz de descifrarlo.

También es aconsejable verificar las señales de restricción de estacionamiento porque proporcionan información que puede ayudar en su estrategia. Digamos que su sujeto está estacionado al costado de la calle donde su vehículo necesita moverse en un tiempo determinado. Ahora tiene una ventana de tiempo durante la cual su sujeto debería emerger, y estará totalmente preparado. Otra cosa para buscar es si hay cámaras de vigilancia en la ubicación de destino u otras casas en el área. No puede hacer mucho con respecto a los otros hogares, pero debe permanecer fuera de la vista de las cámaras de la ubicación objetivo.

Como todo lo demás, seleccionar un puesto de observación es muy importante porque puede establecer el tono para el resto de su vigilancia. Como mencioné anteriormente, haga su mejor esfuerzo para sentarse lejos de la ubicación objetivo, pero a la vista. Evite sentarse en un área aislada si es posible; de lo contrario, puede ser identificado fácilmente. El estacionamiento entre otros vehículos proporciona cierta ocultación y le hace menos obvio.

Otra cosa que puede intentar hacer es estacionarse de espaldas a la ubicación. En este escenario, puede supervisar la ubicación del objetivo a través de su espejo retrovisor y retrovisores laterales. Algunos investigadores no se sienten cómodos con esto, y lo entiendo. Ver todo directamente frente a usted es mucho más fácil que mirar a través de sus espejos. Pero si se sienta de espaldas a la ubicación, desviará fácilmente toda la atención de la ubicación objetivo detrás de usted. Una vez que haya seleccionado un puesto de observación, supervise toda la actividad en el vecindario en las primeras etapas de su vigilancia. Familiarizarse con la dinámica de la comunidad y los horarios de los residentes puede ser muy útil para seleccionar futuros puestos de observación en esa área, en caso de que su vigilancia requiera que regrese.

Una vez que se haya acomodado, asegúrese de que ningún material de su caso esté visible. Mantenerlo en la visera no siempre es seguro, porque si necesita salir para investigar algo, la presión del viento creada al cerrar la puerta puede hacer que todos sus documentos caigan sobre su asiento y los hagan visibles. Póngalos en una bolsa o una carpeta en ese espacio entre su asiento y la consola central.

Ahora que está en modo vigilancia, tiene que estar "Callado". No conduzca por la ubicación objetivo con frecuencia a menos que tenga

Vigilancia móvil (Vehículo)

que estacionar a una gran distancia y le obliguen a realizar verificaciones esporádicas. De hecho, si tiene un buen puesto de observación, no debería tener que pasar por la ubicación. Manejar y entrar y salir de su automóvil podría alertar a otros sobre su presencia. Mientras está en el modo "callado", apague todas las luces interiores sobre su cabeza. Nada es más irritante durante una vigilancia que cuando las luces interiores se encienden por accidente. Además, tenga cuidado con lo fuerte que escucha su música u otro audio; probablemente se escuche fuera de su vehículo si es lo suficientemente fuerte. Mantenga el volumen bajo, y si su vehículo está equipado con Bluetooth, invierta en un auricular Bluetooth que también lo alertará de las llamadas telefónicas entrantes. Además, tenga en cuenta su entorno, especialmente al grabar. Los peatones tienden a salir de la nada cuando menos los espera y pueden caminar hacia usted.

En ese sentido, ya debe tener un plan establecido en caso de que alguien se le acerque y le pregunte qué está haciendo. Haga lo que haga, no les diga qué tipo de caso está haciendo si decide decirles que es un investigador. Si está haciendo un caso de seguro, dígales que está haciendo un caso matrimonial en su lugar. Algunos en la industria pueden estar en desacuerdo con revelar a alguien que usted es un investigador, pero lo hago a menudo, y tiende a funcionar. Soy un hombre, y tiendo a poner nerviosa a la gente, por lo que tranquilizarlos es una prioridad para mí. Las investigadoras tienen una gran ventaja aquí y pueden disuadir las preocupaciones de los vecinos con mucho más éxito.

Sin ser demasiado específico, en algunos vecindarios es una buena idea informar a la policía con anticipación que usted realizará una vigilancia en su precinto. Esto es estrictamente una cortesía, y reduce significativamente la tensión con la policía porque algunos de ellos se molestan cuando tienen que responder a un vehículo sospechoso en el vecindario sin saber de su presencia. Si me preguntan qué tipo de caso estoy haciendo, les diré algo completamente opuesto, como lo haría con los vecinos preocupados, porque nunca se sabe si conocen el sujeto. Y cuando se le acerque un vecino o la policía, no se asuste y no se vaya. Incluso si se enfrenta al sujeto, mantenga la calma y utilice su excusa para estar allí. De repente, irse es un obsequio irrevocable, y olvídese de volver otra vez.

Otra cosa que puede hacer es obtener una identificación de trabajo falso que puede colgar en el espejo retrovisor o colocar en el tablero de instrumentos. Esto da la apariencia de que está allí por asuntos oficiales y calma temporalmente a los vecinos nerviosos. Tengo una identificación de trabajo falsa que me identifica como un inspector de ruta. Uso este título de trabajo para informar a las personas que estoy allí para ver si llegará un determinado paquete y cuándo. Hasta el momento ha funcionado. Lo único es que debe tener cuidado de no usar el nombre de una compañía que ya existe, eso es ilegal. Solo invente un nombre y verifique que no existe. Una vez que haya encontrado el nombre de una compañía no utilizada, puede conectarse y buscar compañías que creen tarjetas de identificación. Si va a obtener una, hágalo parecer oficial agregando su foto y un código de barras. Como todo lo demás, asegúrese de que no haya dudas legales con respecto a que tenga una identificación falsa para este tipo de trabajo.

Otra cosa que hago a menudo es bajar las viseras en mi automóvil para limitar aún más la visibilidad dentro de mi automóvil. También mantengo las viseras bajas cuando conduzco, pero debe tener cuidado porque también pueden cegarle los semáforos y otros dispositivos de tráfico. Si realiza una vigilancia nocturna, debe tener en cuenta que su sujeto puede ver la luz emitida por su automóvil y dispositivos. Por lo tanto, debe tener cuidado, especialmente cuando graba con una videocámara, que trate de ocultar la luz que emite la pantalla LCD. Puede comprar una capucha para instalar sobre la pantalla LCD de su videocámara, y esto le permitirá ver lo que está mirando y evitar que la luz ilumine su rostro.

Por último, estamos en el punto donde está esperando que salga su sujeto. Ya sea que trabaje solo o con otro investigador, debe estar completamente enfocado y observar todo lo que rodea el área objetivo. No dependa de su pareja, si tiene una, porque su pareja puede estar dependiendo de usted. Hablaremos sobre la redacción de informes más adelante, pero debe documentar toda la información posible sobre la ubicación de destino, incluida la información sobre todos los vehículos que pueden estar conectados a la ubicación. También puede usar una grabadora de voz para tomar notas porque le permite documentar rápidamente la información sin quitar la vista del objetivo. Si aún no lo ha hecho en la etapa de planificación, y tiene buena información sobre la primera ubicación donde puede ir el sujeto, ahora sería un buen momento para establecer esa ubicación secundaria como un destino deseado en su radar (GPS) para ver la ruta que el sujeto pueda tomar para llegar desde su lugar de partida. Esto le permitirá anticipar en qué dirección viajará el sujeto y cómo proceder.

Mientras espera que emerja su sujeto, es posible que deba encender su vehículo para usar el aire acondicionado o la calefacción, dependiendo de la temporada en que se encuentre. Sin embargo, debido a que la mayoría de los vehículos hoy en día tienen luces de circulación diurna, debe averiguar cómo apagar esas luces cuando esté sentado en su puesto de observación. En mi vehículo, si aprieto el freno de emergencia y luego enciendo el automóvil, mis luces no se encenderán. Definitivamente necesita resolver esto para la vigilancia nocturna. Mientras espera a que salga su sujeto, tenga en cuenta que la mayoría de los vehículos actuales tienen alarmas y arrancadores de automóviles remotos. Estos son geniales para un investigador; es una advertencia temprana de que su sujeto puede estar a punto de salir. Como puede ver, hay mucho que hacer al realizar una vigilancia, aun antes de que su sujeto emerja.

Cuando su sujeto finalmente aparece, combata ese impulso de encender rápidamente su automóvil, o el sujeto puede escucharlo. Cuando salga de la entrada o del estacionamiento, intente demorar tanto como sea posible antes de iniciar su vigilancia en movimiento. Un factor determinante es si hay un semáforo al final del bloque. En ese caso, tendrá que moverse un poco más rápido. Además, tenga cuidado al salir de su puesto de observación para no tirarse a la carretera sin verificar si viene otro automóvil. Con toda la adrenalina ahora bombeando, es fácil salir a la carretera sin mirar. De hecho, si no está en peligro de perder el sujeto y ve otro vehículo en la carretera, puede permitir que se coloque delante de usted para actuar como una barrera (Vehículos que ofrecen ocultamiento entre el investigador y el sujeto durante una vigilancia) entre usted y el vehículo objetivo.

Ahora que la vigilancia se ha activado, debe intentar obtener información adicional sobre el vehículo que tal vez no pudo obtener antes. Busque etiquetas adhesivas, algunas características de la iluminación trasera, daños, o cualquier otra cosa que le pueda ayudar a identificar rápidamente su vehículo en el tráfico. Muchas veces, los vehículos tienen adhesivos que indican un club o una escuela a la que asisten ellos o sus hijos. Esto puede ser útil en el caso de que pierda su sujeto cerca de una de esas áreas porque ahora tiene un punto de referencia que puede explorar. Si se encuentra en un entorno urbano o una ciudad con muchos vehículos en la carretera, estaría bien estar directamente detrás del vehículo de su sujeto durante un período de tiempo razonable, especialmente mientras viaja recto. Cuando digo directamente detrás de él o ella, me refiero a la ausencia de una barrera de seguridad entre usted y el vehículo del sujeto.

Evite estar encima del vehículo del sujeto y deje espacio suficiente para que otro vehículo pueda deslizarse entre ustedes dos. Puede continuar con esta estrategia mientras evalúa el comportamiento de su sujeto. Incluso si su sujeto está dando vueltas múltiples en diferentes calles laterales. Al observar el lenguaje corporal del sujeto en su vehículo, puede determinar que tan cerca o tan lejos debe de colocarse detrás del sujeto. Puede enfocarse en el espejo retrovisor y los espejos laterales de su sujeto para ver si él o ella los está mirando con frecuencia. Si lo hace con frecuencia mientras viaja, puede ser momento de considerar sus opciones. Pero si él o ella está hablando por teléfono o hablando con un ocupante, esto generalmente le consume mucho tiempo porque el sujeto está distraído y puede continuar quedándose directamente detrás de él o ella.

Vigilancia móvil (Vehículo)

Otra cosa que debe considerar aquí es la naturaleza de su vigilancia y si requiere varios días de vigilancia. Si se trata de una vigilancia que durará varios días o más, no desea quemarse o comenzar a hacer las sospechas del sujeto demasiado pronto. Me gusta ir eliminando gradualmente y reunir nuevos datos que no tenía antes, como el aspecto del sujeto, los lugares de interés y las direcciones de vuelo.

Es un proceso, y estos pequeños fragmentos de información se suman y le ayudan en su estrategia e incluso a encontrar sus sujetos nuevamente cuando los pierda. Me acuerdo de una escena en la película Zero Dark Thirty. En él, la CIA está tratando de localizar a cierto individuo para confirmar su identidad. Una vez que se concentran en un posible candidato, toman una foto rápida del posible sujeto y suspenden la vigilancia. Me encanta esa escena porque ilustra mi punto. No hubo necesidad de poner en peligro el caso al continuar la vigilancia, y se obtuvo una buena información. Mientras está activo en una vigilancia móvil, puede encender su GPS y ponerlo en modo mapa para obtener una imagen del área a la que se dirige el sujeto. Esto es muy útil porque si el sujeto ingresa en una calle sin salida, debe poder ver esto de antemano.

No desea seguir a alguien a una calle sin salida por dos razones: o su sujeto está sobre usted y esta conduciendo un movimiento de contra vigilancia para identificarlo, o el sujeto está legítimamente allí, y seguirlo en esta área lo expondrá significativamente, lo que puede llevarlo a ser quemado poco tiempo después.

Otra característica del GPS que uso todo el tiempo es el botón Recientes, que muestra todas las direcciones agregadas recientemente. Si hay varias ubicaciones vinculadas a su sujeto y usted ha preprogramado todas las ubicaciones en su GPS antes de tiempo, debería poder ver todas las ubicaciones cuando presione el botón Recientes. Junto a la dirección de cada ubicación se encuentra la distancia correspondiente, que le permite ver la proximidad del sujeto a cada ubicación de interés mientras se está llevando a cabo una vigilancia en movimiento (consulte la figura 1). Este conocimiento lo ayudará a anticipar los movimientos del sujeto e incluso a activar su propia luz direccional / de señal antes de que el sujeto lo haga, mientras se acerca a una calle que probablemente su sujeto tomará mientras viaja a una ubicación documentada.

Además, creé mi propia aplicación que puede funcionar incluso mejor que el GPS. Es una herramienta que los investigadores pueden emplear para ayudarlos durante una vigilancia. Todavía no lo publiqué porque todavía estoy solucionando algunos problemas. En el momento de decidir publicar la aplicación, la anunciaré en mi sitio web en Eddiecruz.net. Básicamente, la aplicación le permite ver todas las ubicaciones de interés a la vez en un mapa y su posición en relación con cada ubicación en tiempo real. También puede invitar y compartir un caso en curso con otro investigador que esté trabajando con usted. Cuando hace esto, los dos pueden ver las ubicaciones de los demás, junto con todos los puntos de interés. Ver todas estas ubicaciones en un mapa le dará una idea de las áreas que el sujeto frecuenta y es probable que visite. Estas ubicaciones se pueden guardar bajo el título, la fecha y la descripción de un caso para usar en el futuro, de modo que no tenga que volver a escribir la información.

Si en el curso de su vigilancia, pierde un sujeto, puede ir directamente al área más cercana a la que podría haber ido si se encuentra dentro de una distancia razonable. Esto también depende de cómo y dónde perdiste al sujeto. Si su sujeto hizo un giro de último minuto en la dirección opuesta a la ubicación a la que parecía ir, no tiene que salir corriendo del área para llegar a esa ubicación secundaria. Permanezca en el área o la ubicación exacta donde se perdió el sujeto. Muchas veces el sujeto regresará a ese punto. Es importante observar aquí que la vigilancia móvil no le excluye de tener que iniciar también una vigilancia a pie. Su sujeto puede estacionar su vehículo e ingresar a un lugar de interés, y necesita investigar más a dónde puede ir o con quién se puede reunir. No va a obtener esta información permaneciendo en su vehículo a menos que el sujeto ingrese a un lugar como un restaurante con grandes ventanales, lo que le permite observar y registrar a su sujeto de forma segura desde la seguridad de su vehículo.

VIGILANCIA MÓVIL (VEHÍCULO)

Figura 1

Ahora, suponga que su sujeto estaciona su vehículo en un parquímetro. No estoy seguro sobre el resto del mundo, pero donde vivo y trabajo, tenemos estas cosas llamadas " Muni-Meters", donde tiene que depositar cierta cantidad de dinero en relación con la cantidad de tiempo que va a necesitar para que su automóvil esté estacionado en un lugar específico y, a cambio, recibirá un pequeño recibo. Luego deberá colocar este recibo en el tablero de instrumentos de su vehículo para informar a las autoridades que está legalmente estacionado y por cuánto tiempo.

Bueno, este recibo brinda información interesante. Muestra públicamente cuánto tiempo el sujeto estará lejos de su vehículo, lo que le da una ventana de tiempo antes de que el sujeto regrese.

Recuerdo cuándo tuve esta idea por primera vez. Fue durante la misma vigilancia que mencioné en el capítulo 2 que requirió numerosos operadores de vigilancia. Sucedió que uno de los investigadores perdió de vista el sujeto en una gran área comercial. Después de explorar el área, localicé el vehículo del sujeto y noté dos cosas: estaba desocupado, y estaba estacionado en un área con máquinas de estacionamiento Muni-Meter. Ahora, encontrar el vehículo era genial, pero el objetivo de este caso era descubrir con quién se estaba reuniendo el sujeto. La idea de verificar el boleto del Muni-Meter vino a mí cuando evalué la situación. Al observar el recibo a través del parabrisas, pude determinar la cantidad de tiempo que tuvimos para ubicar el sujeto. Inicié una vigilancia a pie y pude ubicar el sujeto en una tienda. De acuerdo con el tiempo que el sujeto necesitó para regresar al vehículo, coloqué a los miembros de mi equipo en lugares donde pudimos interceptar el sujeto. Esto es una prueba más de los numerosos beneficios que puede proporcionar la calle.

Regresemos a la vigilancia móvil mientras está en movimiento. Las tácticas utilizadas para vigilar un vehículo en la carretera o en el tráfico varían en lo que respecta a dónde se está produciendo la acción. La vigilancia en la ciudad es diferente de la vigilancia en una carretera o en un barrio suburbano. En la ciudad, donde hay semáforos frecuentes y numerosos vehículos que viajan en la misma dirección, uno puede y debe mantener un contacto visual cercano con el sujeto, porque un giro repentino en una intersección, y él o ella se ha ido. La ventaja de la ciudad es que se combina bien con todos los vehículos, peatones y distracciones.

Por la misma razón, estas actividades también pueden hacer que pierda al sujeto. Los autobuses escolares, autobuses de transporte público, vehículos comerciales, conductores perdidos y peatones plantean desafíos para su éxito también. Sin embargo, los beneficios superan con creces estos desafíos cuando se realiza una vigilancia en la ciudad.

Lo que inmediatamente se me ocurre es cómo me he aprovechado de las condiciones lentas del tráfico. En muchas ocasiones, ha habido un individuo de interés extremo, cuya identidad se desconoce, dentro del vehículo de un sujeto. A medida que el tráfico se detiene, he sido capaz de capturar y grabar la imagen de la persona de interés al enfocar mi cámara en uno de los retrovisores laterales. Hago esto porque nunca sé si voy a tener otra oportunidad de identificar a este

Vigilancia móvil (Vehículo)

individuo, y también prueba que este individuo estaba en el vehículo del sujeto.

Esta técnica funciona muy bien, pero debe tener cuidado, incluso si tiene otro investigador que trabaja con usted en su vehículo. A medida que se mude de las áreas densamente pobladas y traficadas a los suburbios, tendrá que cambiar sus tácticas. No puede seguir un vehículo durante un período prolongado de tiempo sin un vehículo de barrera intermedio, especialmente cuando con frecuencia gira en diferentes calles laterales a lo largo de la ruta.

Cuando se encuentra en este tipo de situación en las calles residenciales de un suburbio, hay algunas cosas que puede hacer. El número uno es mantener el espacio, y cada vez que se presente la oportunidad, como en una señal de pare o un semáforo, puede pretender que va a estacionar, pero solo si hay otros vehículos estacionados en la misma carretera. También puede ingresar a un estacionamiento si hay alguno disponible y emerger una vez que su sujeto esté en movimiento de nuevo. Detenerse repentinamente no le ayuda mucho si no hay otros vehículos con los que se pueda esconder. Siempre que sea una calle de dos vías y las condiciones del tránsito lo permitan, cuando el sujeto suba a una intersección y gire hacia otra calle, omita la intersección, como se muestra en la figura 2, gire en U y vuelva a entrar lentamente.

Otra cosa que hago cuando parece que mi sujeto está a punto de dar un giro -y hay algún tipo de instalación que me permite conducir por el estacionamiento y en la misma dirección hacia la que se dirige mi sujeto- es atravesarlo (ver figura 3). Si el sujeto está esperando a la luz antes de que gire, puede ingresar de manera informal al estacionamiento y posicionarse en el otro extremo, listo para volver a conectarse en el momento apropiado. Solo asegúrese de que esto no se considere una infracción de tráfico donde vive o trabaja.

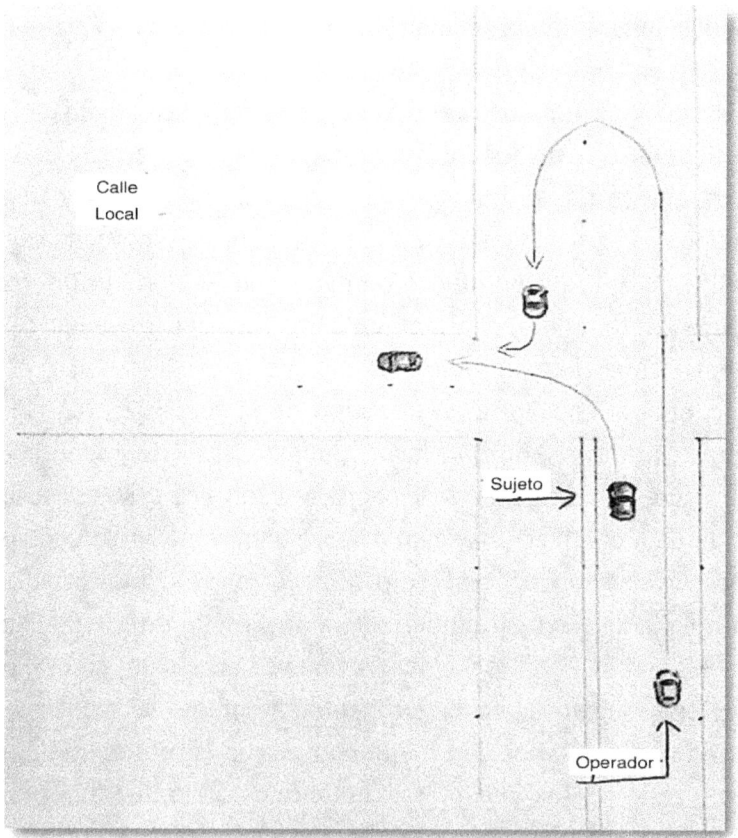

Figura 2

Mantener una distancia estratégica del sujeto es especialmente importante cuando el sujeto finalmente llega a su destino. Por "distancia estratégica", me refiero a que estás en una posición de distancia perfecta para adaptarte a cualquier acción que tome el sujeto. Si el sujeto se detenerse en una comunidad residencial, puede detenerse fácilmente y estacionar y continuar haciendo observaciones. No querrá estar tan cerca como para que el sujeto pueda echar un buen vistazo a usted y a su vehículo si retrocede para aparcar. Entiendo que a veces es inevitable y que se ve obligado a conducir más allá del sujeto, pero siempre que esto ocurra, no mire al sujeto mientras usted conduce.

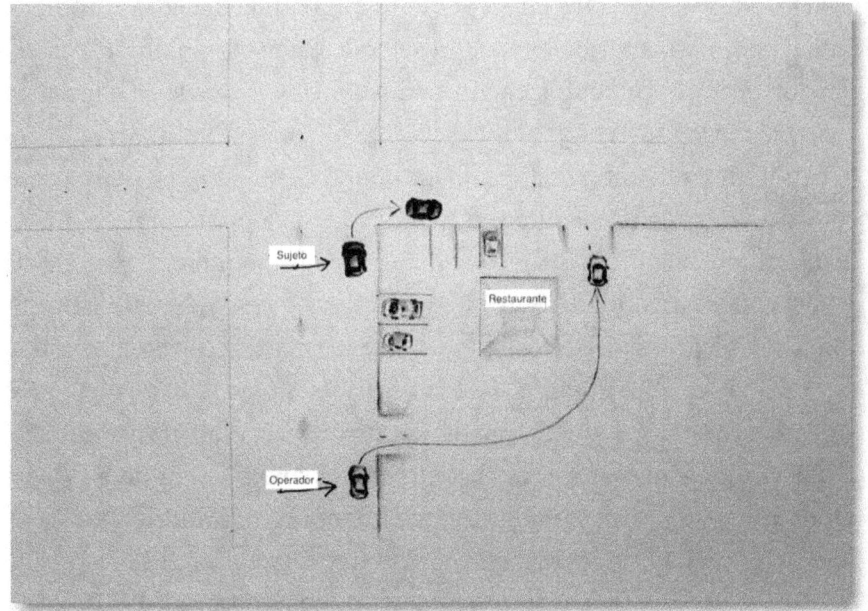

Figura 3

Hágase a un lado donde sea posible, y monitoree a través de sus espejos para ver hacia donde va el sujeto ir o con qué personas se está involucrando. Si el sujeto llega a un lugar público, como un centro comercial con un estacionamiento, desea tener el tiempo y el espacio para ingresar a este lugar a través de una entrada auxiliar, si es posible, en lugar de la misma tomada por el sujeto. Incluso se puede estacionar en un lote al otro lado de la calle, si es posible. Esta precaución es para limitar su exposición tanto como pueda. Sin embargo, la distancia estratégica le proporciona tiempo y espacio para hacer ajustes que mantendrán su presencia oculta para que pueda reunir toda la información necesaria.

Vigilar un vehículo en la carretera es algo más fácil que en las calles locales en términos de no ser visible constantemente en el espejo retrovisor de su sujeto. Sin embargo, hay algunos desafíos. ¿Qué sucede si su sujeto ingresa a un carril de vehículo de alta ocupación (HOV Lane) y está solo en su vehículo? Esto puede ser un problema para usted. Pero aparte de esto, ya sea que esté solo o con otro investigador en otro vehículo, encontrará que esta parte de la vigilancia móvil es bastante manejable, especialmente si está familiarizado con la carretera en la que viaja. En la carretera, el objetivo es permanecer en el punto ciego de su sujeto o fuera de la vista por completo, lo que le da un nuevo comienzo una vez que sigue al sujeto fuera de la salida.

El conocimiento de la carretera es útil porque si sabe que todas las salidas son en el lado derecho, solo puede permanecer en el carril de la extrema derecha durante toda la vigilancia. Cuando su sujeto sale, ya está en ese carril y en posición de salir con él o ella (ver figura 4). No tener que cambiar de carril junto con el sujeto disminuye la posibilidad de que sea detectado, especialmente si se trata de una salida repentina del sujeto, lo que sucede con frecuencia.

Recuerde que debe estar "callado" mientras está en la carretera. No cambie de carril con frecuencia o acelere solo para tener que reducir la velocidad nuevamente cuando haya vehículos limitados en la carretera. Si necesita cambiar de carril, trate de hacer todos sus movimientos desde el carril más alejado y a una distancia estratégica, a menos que esté en peligro de perder un sujeto veloz. En ese caso, tendrá que ignorar parte de su estrategia hasta que las cosas se calmen un poco. Esto no significa que se convierta en un conductor imprudente en el camino. Manténgase dentro de la ley y haga su mejor esfuerzo sin tener que sufrir un accidente.

Una cosa más acerca de la vigilancia en una carretera, y eso es si está vigilando un vehículo por la noche: trate de identificar si el vehículo tiene un detalle único o especial de iluminación trasera. Una noche estaba siguiendo a un conductor muy agresivo en una carretera concurrida que no solo conducía rápido, sino que también saltaba de carril en carril mientras navegaba a través del tráfico. Intentar seguirlo copiando sus movimientos solo me expondría. Lo que me ayudó a

VIGILANCIA MÓVIL (VEHÍCULO)

quedarme con él y observarlo desde una gran distancia fueron las exclusivas luces traseras de su vehículo. Ya sea que esté en la carretera o en cualquier otro camino, también puede meterse detrás de otros vehículos o automóviles de barrera (vea la figura 5) para esconderse del sujeto si este mira hacia el espejo retrovisor. A veces puede monitorear el sujeto a través del parabrisas del automóvil frente a usted. De lo contrario, aún debería poder observar a través de los lados del vehículo frente a usted, si el sujeto ha cambiado de carril o está saliendo.

Aquí hay otra cosa con respecto a la vigilancia móvil nocturna: si tiene luces antiniebla, intente cambiar su apariencia, alternando los patrones de luz provenientes de su vehículo. Use sus faros habituales por un tiempo y luego encienda las luces antiniebla. Haga esto intermitentemente para disfrazarse.

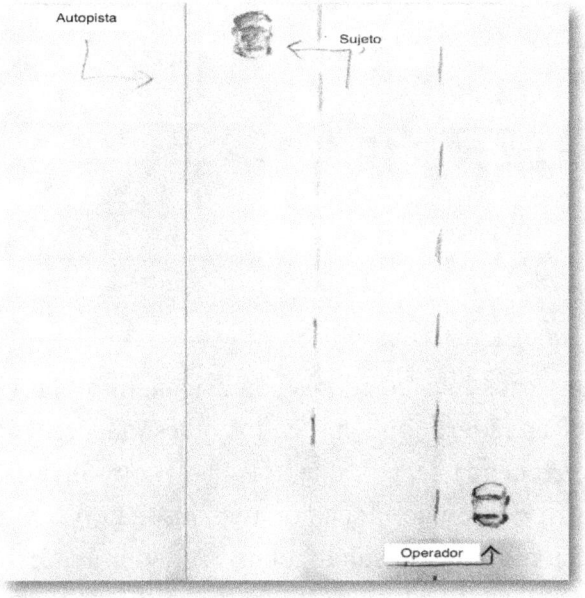

Figura 4

Cuando se realiza una vigilancia móvil en la que se necesita más de un investigador en un vehículo separado, la comunicación es vital para el éxito de la operación. Radios de punto a punto, más conocidos como "walkie-talkies", y teléfonos celulares permiten que esta comunicación tenga lugar. Debe usar ambos dispositivos para aprovechar la tecnología al máximo.

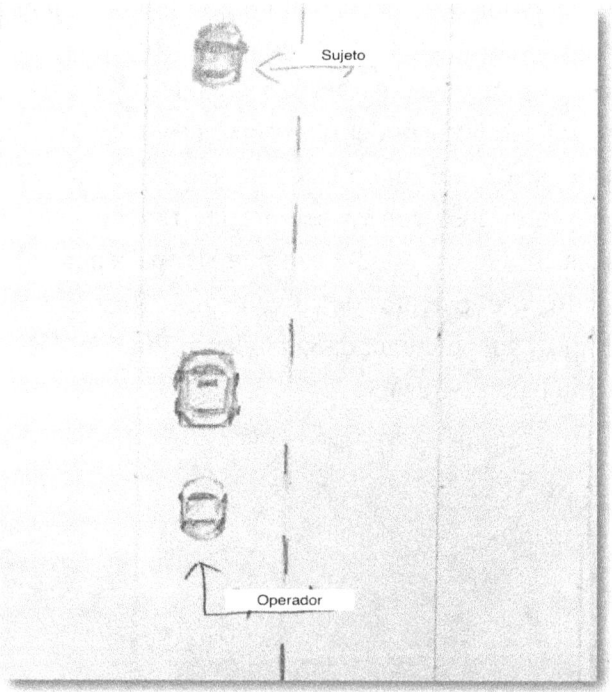

Figura 5

Cuando varios investigadores son asignados a una vigilancia, las buenas tácticas indican que uno de los investigadores tiene una línea de visión directa a la acción, mientras que el otro investigador espera la instrucción desde una ubicación más discreta. En el momento en que hay acción o surge el sujeto, el investigador más cercano a la acción, conocido como el "punto", es responsable de notificar inmediatamente al otro investigador (es). He descubierto que, en escenarios como este, la mejor manera de hacer su comunicación inicial es a través de un radio punto a punto. Los teléfonos celulares son geniales y se pueden usar en ausencia de un radio, pero hay un tiempo de retraso

Vigilancia móvil (Vehículo)

con los teléfonos celulares, y las cosas tienden a suceder rápidamente. Esto el lo opuesto al radio, que tiene una conexión instantánea.

El teléfono celular tiene su mayor ventaja cuando la vigilancia móvil está en movimiento. A menudo, cuando tiene varios investigadores, siempre es probable que alguien se quede atascado en un semáforo, y como resultado, el alcance de su radio se reduce significativamente durante esta separación. Este sería el momento de usar su teléfono celular para mantener el contacto con los miembros de su equipo. Pero recuerde, la seguridad es siempre una prioridad, y se recomienda encarecidamente un sistema manos libres o un dispositivo Bluetooth para cumplir con la ley y evitar accidentes.

Usar ambos aparatos tiene otra ventaja, y es que se prolonga la batería de ambos. Esto es especialmente importante para el teléfono celular debido a sus muchas otras funciones durante una operación de vigilancia. Siempre debe tener un cargador de automóvil; desea tener un teléfono celular adecuadamente cargado en el caso de que su vigilancia móvil se convierta repentinamente en una vigilancia extendida a pie. Los cargadores portátiles de teléfonos celulares también son prácticos porque nunca se sabe cuánto tiempo durará la vigilancia a pie.

También debe mantener su vehículo de vigilancia bien organizado por dos razones. En primer lugar, desea poder localizar rápidamente los artículos o equipos necesarios en cualquier momento. En segundo lugar, es posible que tenga que salir repentinamente de su vehículo y continuar su vigilancia a pie. Como resultado, desea poder reunir rápidamente el equipo necesario sin demora y ocultar el equipo restante que no podrá llevar con usted. No quiere dejar ningún equipo que sea visible para los ladrones o que sea evidencia que revele el motivo por el que está en el área. La vigilancia móvil ofrece muchas comodidades, como un lugar para sentarse, control del clima, privacidad y buena ocultación para grabar. Pero también tiene algunas preocupaciones muy reales, como dónde aparcar su vehículo si tiene que realizar una vigilancia a pie mientras se encuentra en un vecindario con un alto índice de criminalidad.

Otra preocupación son las multas que puede recibir como resultado de una infracción de luz roja o violación de la cámara de velocidad. Los accidentes son otras preocupaciones por las cuales es probable que su empleador no lo compense. Por lo tanto, tenga cuidado al realizar la vigilancia móvil y no corra riesgos innecesarios. Mientras estamos en el tema de seguridad, tenga cuidado si lo descubren. Es posible que haya hecho todo bien y, sin embargo, su sujeto lo ha detectado. Esta es la razón por la cual también debe tener un plan de salida cuando se acabó todo y siente que es hora de moverse.

Esto no contradice de ninguna manera lo que dije antes sobre la superación de la paranoia de que ha sido detectado. De lo que estoy hablando aquí es una quemadura legítima. Puedo decirle por experiencia que usualmente recibe un aviso antes de que las cosas se vuelquen. Además de evitar la detección, especialmente desea evitar una persecución en automóvil. Por lo tanto, cuando salga de una operación de vigilancia por algún motivo, siempre verifique si lo están siguiendo. Y si lo es, llame a la policía o diríjase directamente al precinto.

Puntos clave
- Siga todos sus procedimientos de preparación, planificación y estrategia. Si es posible, determine cuánto tiempo le tomará llegar a la ubicación asignada el día anterior a la asignación.
- Seleccione un buen vehículo de vigilancia con los colores sugeridos y libre de etiqueta adhesivas o daños significativo.
- Seleccione la ropa adecuada que funcione bien con el interior oscuro de su vehículo de vigilancia.
- Tiña las ventanas de acuerdo a la ley.
- Intente memorizar al menos una placa de coche en relación con su sujeto antes de llegar al lugar de la operación.
- Cree una excusa para estar en el área de operación
- Asegure una buena estación de observación.

Vigilancia móvil (Vehículo)

- Estaciónese entre otros vehículos para una mejor ocultación.
- Si es confrontado, no despegue repentinamente a menos que sea por su seguridad.
- Documente todo lo que pueda en lo que sea razonable.
- Si su sujeto comienza a hacer movimientos erráticos con su vehículo, considere aumentar su distancia o simplemente dejar ir al sujeto. Él o ella pueden sospechar de usted, o peor aún, podría usted terminar en un accidente.

Capítulo 5

Vigilancia a pie

La vigilancia a pie está determinada por la naturaleza de su asignación. Incluso puede comenzar como una vigilancia móvil que de repente se convierte en una vigilancia a pie. También se le puede indicar que viaje como pasajero junto a otro investigador para poder vigilar a pie si es necesario. O puede que tenga que viajar a un lugar en transporte público porque la única forma de realizar su vigilancia será a pie.

Las asignaciones que requieren una estricta vigilancia a pie se realizan generalmente en lugares públicos. Una vigilancia a pie en una comunidad residencial sin negocios o establecimientos comerciales que pueda utilizar para desviar la atención sería incómodo y lo expondría de inmediato. Seguir a alguien a un vecindario residencial y adquirir una dirección u otra información está bien, pero permanecer allí frente a la casa de alguien sin ser detectado es un desafío tremendo. En áreas urbanas, puede ser más fácil debido a las grandes viviendas múltiples, pero esto no es así en los suburbios o áreas rurales.

Como dije en el capítulo anterior, incluso si está realizando una vigilancia móvil por su cuenta, debe tener en cuenta que pueda tener que abandonar su automóvil y continuar a pie. Esta es la razón por la cual la etapa de planificación para su asignación es tan importante para las vigilancias móviles y a pie.

Cuando su asignación exige una estricta vigilancia a pie, debe verificar el clima y modificar el equipo que traerá. Traer demasiado equipo será incómodo para su tarea y hará que se destaque. Sin embargo, se requieren los elementos esenciales, y usted tiene que descubrir cómo hacerlo. Primero, comience con el clima y determine qué vestimenta es apropiada. Tenga en cuenta que su ropa debe ser de color oscuro o neutro, y si está lloviendo, un impermeable amarillo no lo cortará. También debería considerar la ropa con bolsillos múltiples. Muchos abrigos y chaquetas de hoy tienen bolsillos múltiples en el exterior y en el interior, incluyendo las mangas. Incluso hay camisetas con bolsillos múltiples.

En lo que respecta a los pantalones, recomiendo los pantalones cargo por todos los bolsillos y lugares de almacenamiento que proporcionan. Durante los meses más cálidos, siempre uso pantalones cortos de carga debido a la menor cantidad de ropa, lo que limita el lugar donde puedo guardar el equipo. Una mochila puede resolver la mayoría de las preocupaciones de almacenamiento, pero hay algunos equipos que se necesitan de inmediato, como su videocámara. Abrir su bolso para recuperar su cámara consume mucho tiempo y, a veces, requiere que desvíe la vista del sujeto. Dicho esto, también creo que las mochilas son un elemento esencial en su inventario. Al igual que con su ropa, le recomiendo que obtenga una bolsa oscura con múltiples compartmentos de almacenamiento y una repelente al agua para que todo lo que haya dentro no se dañe. Tengo varias bolsas de diferentes tamaños para que se ajusten a la ocasión, pero ninguna de ellas es más grande que la típica mochila escolar.

Dentro de su mochila, puede almacenar equipos de respaldo, un cargador portátil, una computadora portátil o un iPad, dependiendo del tamaño de su bolso, una grabadora de voz para notas, alimentos o refrigerios, y ropa adicional que incluya al menos un sombrero. Los sombreros son geniales porque te disfrazan temporalmente, como en las películas, y puedes alternar entre tener un sombrero puesto o no, o puede alternar entre varios sombreros.

En referencia a la ropa adicional, no me refiero a los pantalones. Necesita ropa que pueda cambiar inmediatamente sin tener que ir al baño. Estoy hablando de ropa para la parte superior del cuerpo, como camisetas, suéteres, sudaderas con capucha, chaquetas, y tal vez un abrigo si hay espacio en su bolsa. Las prendas exteriores reversibles también son útiles, especialmente si cada lado es de un color diferente. También puede llegar a su asignación con capas que visten la parte superior de su cuerpo y retirarlas e intercambiarlas mientras opera. Esto se llama "peladura", y aprendí esto del mundo criminal. Después de cometer un crimen, los autores que iban a pie pelaban las capas superiores de sus ropas, a veces incluso volteando sus prendas hacia dentro si el interior era de un color diferente, cambiando así su apariencia mientras huían. Pero en este negocio, vamos a canjear esa palabra "peladura" y a darle un buen uso.

Vale mencionar, antes de llegar al lado operacional de la vigilancia a pie. Donde vivo, tenemos tarjetas de Metro que permiten un acceso rápido al transporte público. Si trabaja en un área que tiene transporte público, esta tarjeta de Metro, o algo similar, es una herramienta imprescindible. Es muy probable que la persona que está siguiendo tenga una, y si no tiene una, tendrá que comprar una en el lugar, ya sea desde un cajero o una máquina. Como resultado, su sujeto se esfumó.

Cuando adquiere una de estas tarjetas, debe comprar viajes múltiples porque no sabe cuántos viajes hará su sujeto. También es importante verificar el vencimiento de estas tarjetas; no desea llegar a un torno y descubrir que se le niega el acceso porque su tarjeta está vencida. Cuando planifique con anticipación y descubra que su Tarjeta Metro está por vencer, puede combinar los fondos en una nueva tarjeta con vencimiento extendido, al menos así es como se hace en los Estados Unidos. Esta tarjeta debe estar con usted cada vez que realice una vigilancia, incluida una vigilancia móvil.

También hay ocasiones en que el sujeto tomará un taxi, y no tendrá más remedio que hacer lo mismo si está a pie. Le recomiendo que siempre tenga cerca de cien dólares en caso de que esto ocurra, porque las tarjetas de crédito consumen demasiado tiempo, y cada segundo cuenta.

También recomiendo el uso de auriculares que se conectan a tu teléfono celular cuando se realiza una vigilancia de pie, ya sea con conexión directa o Bluetooth; la preferencia depende de usted. Este dispositivo es ideal para la vigilancia a pie porque bloquea mucho ruido externo cuando está en la calle y le asegura que escuchará una llamada telefónica entrante. Ahora, para ser claro aquí, la llamada a la que me refiero no es solo una entre usted y sus amigos o seres queridos; es una llamada que es pertinente para su caso. Puede ser su empleador o el cliente quien necesita impartir alguna información útil. O pueden ser miembros de su equipo si su vigilancia requiere investigadores múltiples.

Al llegar al lugar de destino, verifique las cámaras de vigilancia, los posibles guardias de seguridad y el personal de mantenimiento que puedan exponer su presencia. Continúe examinando la ubicación para determinar la situación del estacionamiento, por ejemplo, si hay un garaje subterráneo o un garaje privado al aire libre con acceso directo desde el interior del edificio. También debe verificar cuántas salidas tiene la ubicación para que pueda elegir una observación centrada en una o varias áreas de preocupación. Trate de ubicar un área con el mayor tráfico para su puesto de observación; de esta manera, su presencia queda oscurecida. Estar parado en un área aislada lo hace notable y sospechoso. Sea creativo y piense fuera de la caja en términos de fusión y recopilación de información, y mientras hace esto, recuerde siempre mantenerse dentro de los límites de la ley. Una posible infracción es el allanamiento, y podría violar esto accidentalmente si se deja llevar por su vigilancia y no tiene cuidado.

Mientras espera a que salga su sujeto, tenga en cuenta su entorno para ver si alguien ha sospechado de su presencia en la zona. Si es así, debe moverse, a menos que tenga una historia creíble para permanecer en su posición actual. Además, eche un vistazo a las ventanas de la ubicación de destino en caso de que el sujeto u otras personas miren afuera y puedan detectarlo. Cambie su ubicación solo cuando sea necesario. Su objetivo siempre es estar "callado" evitando el movimiento constante.

VIGILANCIA A PIE

Cuando su sujeto finalmente emerja, no salga de su posición de inmediato. Obtenga una descripción completa de la ropa que usa el sujeto, especialmente el calzado, ya que otras prendas tienden a cambiar con mayor frecuencia. Una vez que el sujeto comienza a moverse, su participación dependerá del ambiente en el que se encuentre. Si se encuentra en una gran ciudad como Manhattan, puede vigilar al sujeto en el mismo lado de la calle en la mayoría de las áreas debido al volumen de personas. Si decide vigilar desde el mismo lado de la calle, permanezca detrás de un peatón o peatones que lo escudarán del sujeto. Sin embargo, si se encuentra en un área con un número limitado de peatones, le sugiero encarecidamente que realice la vigilancia a pie desde el lado opuesto de la calle (vea la figura 6).

Cualquiera que sea la estrategia que emplee, debe darle al sujeto una cantidad de espacio. No querrá estar tan cerca que, si su sujeto se detiene de repente, usted termine en su campo de visión inmediato. Si por alguna razón esto sucede, camine de forma casual más allá del sujeto con la cabeza volteada. Debe evitar el contacto visual y usar su visión periférica o cualquier ventana en el área para monitorear su estado. Al mismo tiempo, cuando siga a un sujeto, no quiera estar demasiado atrás y perder la ubicación en la que él o ella entra o perderlo por completo. He visto a los operadores de vigilancia dar a sus sujetos demasiado espacio y perderlos como resultado.

En áreas menos pobladas, debe vigilar a su sujeto desde el otro lado de la calle y permanecer en su punto ciego. Si su sujeto se detiene por alguna razón, puede ingresar a un área pública que puede ser accesible o pretender ingresar a una residencia. Si por casualidad no hay nada disponible para usar para desviar la sospecha, puede ajustar su ritmo en consecuencia y pretender enviar mensajes de texto o en medio de una conversación telefónica animada. También puede esconderse detrás de vehículos estacionados para supervisar a su sujeto a través de las ventanas del vehículo. Si las ventanas están teñidas, aún mejor, pero si no, aún ofrecen alguna ocultación. También puede usar el espejo de vista lateral de cualquier vehículo y simular que está mirando su cara en un intento de localizar a su sujeto. Simplemente mirando hacia atrás directamente a su sujeto es algo que desea evitar, ya que no desea familiarizarse con esta persona.

Esto trae a colación otro punto que usted u otros pueden juzgar por si mismo. Si a usted se le considera una persona atractiva, debe de tomar esto en cuenta porque su sujeto también lo podría notar. Va a necesitar bajar el tono. Esto debería ser parte de su planificación al seleccionar su atuendo de vigilancia. Si el color o el estilo de su cabello es muy distinguible, debe encontrar una forma de disfrazarlo usando algún tipo de protección para la cabeza. El objetivo como operador de vigilancia es ser simple y parecerse a todos los demás, en otras palabras, "invisible". Cualquier desviación de esto aumenta drásticamente la posibilidad de que le detecten.

A medida que continuamos con una vigilancia activa a pie, me recuerdo de algo que aprendí como oficial de policía. Cuando el sujeto gire hacia una calle lateral, evite correr hacia la esquina y dar vuelta. Puede apresurarse, pero debe detenerse antes de llegar a la esquina y luego continuar a un ritmo normal, como si fuera a cruzar la calle. Y si las condiciones lo permiten, debe cruzar la calle y continuar la vigilancia desde el lado opuesto de la calle (vea la figura 7).

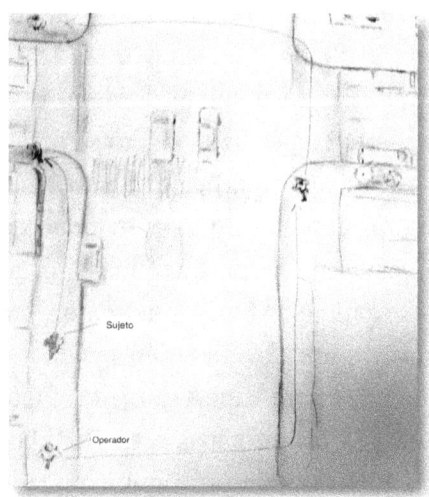

Figura 6

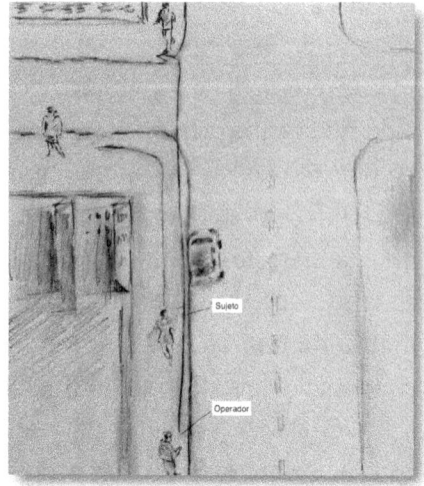

Figura 7

Vigilancia a pie

Por cierto, si hay una tienda o algún otro local comercial establecimiento que tiene ventanas a ambos lados de la esquina donde giró su sujeto, necesita comenzar su ritmo informal más pronto porque el sujeto puede estar buscándolo a través de las ventanas. Dar la vuelta a las esquinas para ver lo que sigue es un movimiento de contra vigilancia que debe tener en cuenta.

Me familiaricé con esto por diferentes razones. Cuando me gradué de la academia de policía, fui asignado a un área violenta y de alta criminalidad que no era segura ni siquiera para los agentes de policía. Al llegar a mi comando, inmediatamente se nos dio una conferencia sobre cómo perseguir a un criminal que huía a pie. Los instructores enfatizaron que nunca perseguirían a un autor del delito paso a paso, hasta la vuelta de la esquina. En cambio, nos indicaron que corramos a la calle y hagamos un amplio giro cada vez que un delincuente huía hacia una calle lateral. La razón de esto fue porque en esta área en particular, era común que los delincuentes doblaran deliberadamente una esquina al sentirse perseguidos, y esperar que el oficial de policía que los perseguía volteara la esquina, para luego dispararle. Eso era bastante despiadado, y desafortunadamente esa lección fue aprendida por un oficial de policía de la manera mas difícil. Es una lección que siempre ha permanecido conmigo y que he encontrado muy útil en el sector privado.

Ahora digamos que pierde el sujeto por el motivo que sea. Manténgase en calma y explore el área inmediata, mirando continuamente hacia el área donde se perdió por primera vez la vista visual del sujeto. Las cosas suceden muy rápido durante una vigilancia, y al relajarse, puede retrasar las cosas para poder pensar. Si no puede ubicar el sujeto, permanezca en esa área, ya que es muy probable que el sujeto retroceda o salga de un lugar desconocido.

Si después de un período de tiempo razonable, el sujeto no ha regresado, vuelva a evaluar y considere volver al lugar donde el sujeto fue recogido por primera vez. Es frustrante perder un sujeto, pero concéntrese en lo positivo y considere lo que ha aprendido sobre el sujeto que no sabía antes. Tiene un tiempo en que el sujeto salió por primera vez de un lugar, una mirada en vivo del sujeto, tipo de vestimenta, dirección del viaje y dónde y cómo lo perdió durante una vigilancia. Todas estas cosas son útiles y pueden conducir al éxito, si no en su asignación actual, en futuras vigilancias. Al agregar mi propio giro de una frase de béisbol, "No eres tan bueno o tan malo como la vigilancia de ayer." Esto debería animarle y hacerle humilde al mismo tiempo.

    Cada asignación presenta sus propios desafíos únicos, y lo peor que puede hacer es decir que una asignación que acaba de recibir va a ser fácil. Su vigilancia puede comenzar como una vigilancia casual a pie, y de repente su sujeto entra al metro. Aquí es donde las cosas se vuelven realmente interesantes porque está usted en lugares más ajustados, y no puede darle a su sujeto la misma cantidad de espacio disponible en el nivel de la calle. Y las cosas tienden a moverse aún más rápido en este entorno, así que perder un sujeto aquí es fácil. En el sistema de metro, se trata de numerosos pasajeros ansiosos con múltiples destinos, lo que resulta en múltiples plataformas de trenes. Agregue a eso las diferentes líneas de tren que se detienen en la plataforma, y puede ver por qué necesita permanecer cerca. En el momento en que un tren llega a una estación, una turba de personas se congrega hacia las puertas del tren, y usted necesita determinar si su sujeto abordará o esperará al próximo tren. Y debe tener cuidado: a veces los sujetos se confunden y suben a un tren, solo para salir inmediatamente.

    Recuerdo que en una ocasión seguí a un sujeto que había subido a un tren. El sujeto se sentó, y en el momento en que sonó el sonido de que las puertas estaban a punto de cerrarse, se levantó y salió del tren cuando las puertas se cerraban. Afortunadamente para mí, estaba de pie junto a otra puerta a unos seis metros de distancia y pude escapar del tren junto con el sujeto. Puede que se esté diciendo a si mismo que eso era un movimiento de contra vigilancia, y puede que este en lo cierto; Pensé lo mismo. Pero lo que terminó sucediendo fue que simplemente había subido al tren equivocado. Finalmente se subió al tren correcto, y la vigilancia continuó durante muchas horas más sin ningún problema. Es por eso que debes permanecer más cerca de lo que prefieres en este

Vigilancia a pie

entorno. Y fue una de las razones por las que decidí pararme en vez de estar sentado en el tren. Estaba al tanto de lo rápido que pasan las cosas aquí, y si estuviera sentado ese día, habría perdido al sujeto.

No siempre tiene que pararse, especialmente si se va a destacar en el vagón del metro, pero si se va a sentar, elija un asiento al lado de una puerta de salida. También han habido ocasiones en que me he colocado en un vagón de metro adyacente porque es posible que haya tenido demasiada exposición al sujeto antes de subir al tren. En esas situaciones, tiendo siempre a pararme y usar el reflejo del vidrio en las puertas que conducen al vagón de metro adyacente para monitorear mi sujeto.

Permítanme agregar aquí que, si usted tiene ropa adicional con usted, incluso un sombrero, el metro es el lugar para alterar su apariencia debido a su proximidad al sujeto. Solo que debe hacer esto fuera del alcance del sujeto. Cuando el sujeto salga del vagón del tren, intente reducir la velocidad o retrasar su salida. Usted desea permanecer lo más discreto posible, teniendo en cuenta que muchas veces cuando la gente sale de un tren, se sienten confundidos y cambian de dirección varias veces. Al retrasar su enfoque, evita comprometerse en una dirección y luego tener que cambiar las direcciones nuevamente porque el sujeto se dirige ahora en la dirección opuesta. Una vez que salga del sistema de metro, puede reanudar su rutina normal de vigilancia y darle espacio adicional a su sujeto.

Lo mismo aplica para la vigilancia en un autobús. Mientras estaba escribiendo este libro, acababa de completar una vigilancia que involucraba vigilar a alguien en un autobús, que es incluso más apretado que un vagón de tren. Mirar directamente el sujeto para monitorear su estado estaba fuera de discusión. El uso de mi visión periférica no fue posible debido a que todos los peatones estaban muy cerca, bloqueando a mi sujeto. Así que utilicé las ventanillas del autobús para verificar mi sujeto y pude ver cuándo estaba listo para salir.

Cuando sus sujetos se mueven activamente a pie, monitoree cada acción detenidamente desde atrás y vea si dejan caer algo que puede considerarse evidencia de su actividad. Esto se conoce como "basura de bolsillo" (Pocket Trash en inglés) en el negocio de la vigilancia y puede ser bastante útil. Solo tenga cuidado con su ubicación cuando recupere el artículo descartado. No desea hacer esto en un área donde el artículo todavía se considera propiedad privada porque eso es ilegal. Si un artículo se deja caer en una calle pública o en un basurero público, se vuelve accesible y legal para recoger, por lo que yo sepa. Pero verifíquelo, solo para estar seguro.

Grabar su sujeto durante una vigilancia a pie no es tan cómodo como grabar desde el interior de su vehículo, pero puede ser necesario, dependiendo de la naturaleza de su caso. Las cámaras ocultas son agradables, pero no tienen zoom. Los teléfonos celulares también son agradables, pero a menos que tenga una aplicación que le ayude a mostrar el sello de fecha y hora, que es esencial en la mayoría de los casos, va a tener que usar otro dispositivo. El equipo apropiado para esto sería la videocámara. Pero debe de encontrar algún tipo de ocultación o diversión. Puede meterse en una tienda o restaurante, incluso detrás de otro vehículo, y grabar a través de las ventanas. Ha habido momentos en los que he dado la espalda al sujeto y coloqué mi cámara en un objeto fijo para que pueda grabar lo que está detrás de mí.

Mientras la cámara está posicionada de forma segura, puede ubicar el sujeto girando la pantalla LCD en su videocámara. Una vez que el sujeto ha sido localizado, puede comenzar a grabar sin sostenerlo en sus manos. Incluso puede disfrazar la cámara colocando elementos a su alrededor. Esta técnica debe desviar la atención de usted porque no está enfrentando al sujeto, pero debe estar a una distancia segura. La función de zoom en la videocámara es lo que hace posible que pueda llevarlo a cabo desde una distancia segura. Lo que también hace esto posible es si el sujeto está parado o moviéndose en un área pequeña. Si el sujeto está en camino a una ubicación, es posible que esto no funcione. También he creado un accesorio, construido de una caja de zapatos y espuma de poliestireno (vea las figuras 8 y 9), en el que puedo colocar mi videocámara y grabar desde cualquier lugar, incluso mientras me muevo, y nadie sabrá lo que estoy haciendo.

Las cámaras encubiertas son excelentes herramientas, pero tiene que acercarse mucho al sujeto para ver más detalles y confirmar la identidad de alguien. La decisión sobre cuándo usar una cámara oculta está determinada por un par de cosas. Una es la condición de su vigilancia. Si su sujeto ingresa a un lugar como un club o una tienda, necesitará usar una cámara encubierta porque una videocámara sería demasiado obvia en lugares cerrados, aunque he podido lograr esto. La duración de la vigilancia también juega un papel, pero pequeño. Si se trata de una vigilancia de varios días, voy a retrasar el uso de una cámara oculta debido a la exposición que obtendré al estar cerca del sujeto, a menos que la evidencia necesaria se presente de inmediato. Puede usar una cámara encubierta en cualquier momento porque está oculta, pero es más efectiva en áreas confinadas o en interiores donde hay poca luz.

Figura 8

Figura 9

Una vigilancia de un día es diferente, y usted solo tiene una oportunidad de hacerlo bien. Dicho esto, si está en una gran ciudad, sacar su cámara en público no es una gran cosa. Hago esto todo el tiempo e incluso grabo mis sujetos en cualquier ventana que pueda reflejar su imagen si hay un problema con respecto a mi ocultamiento. Al hacer esto, limito cualquier sospecha hacia mí porque mi cámara no apunta hacia ellos. Por lo general, siempre hay un riesgo cada vez que interactúa con su videocámara, especialmente durante la vigilancia de pie.

Mirar por el visor de su cámara para enfocarse en su sujeto le ciega a lo que sucede a su alrededor. A pesar de eso, las grabaciones de video de sus observaciones son cruciales para el éxito de su caso. Sería bueno si solo nuestras palabras fueran lo suficientemente buenas, pero la evidencia en video es difícil de negar.

Hay otros equipos de grabación que pueden ayudarlo y limitar su sospecha a los demás, pero el problema con ellos es que muchos de ellos no tienen la característica de sello de fecha y hora que es requerida por la mayoría de los empleadores y clientes. Entiendo la importancia de la marca de tiempo, pero es una pena porque nos limita con el equipo que podemos usar. Sin embargo, todavía hay un inventario adecuado para que podamos elegir para hacer el trabajo.

Puntos clave:
- Siga todos sus procedimientos de preparación.
- Consulte el pronóstico del tiempo para vestirse apropiadamente.
- Reduzca el tamaño del equipo esencial necesario para su asignación.
- Seleccione el color correcto para la ropa.
- Seleccione la mochila correcta.
- Lleve una tarjeta Metro.
- Lleve efectivo.
- Revise el área de operación para todas las posibles salidas y estacionamientos si es necesario. Además, investigue cualquier cosa que pueda exponerlo, como las cámaras de vigilancia.
- Seleccione un buen puesto de observación y evite el movimiento constante.
- Evite el allanamiento.
- Evite el contacto visual.
- Evite darle demasiado espacio al sujeto, especialmente en el metro.

Capítulo 6

Equipo y uso

Después de la parte física de la vigilancia viene el aspecto técnico. Solía decir que solo es tan bueno como su equipo, pero he tenido que reconsiderar eso. No hay duda de que el equipo de vigilancia de calidad le hace mejor de muchas maneras, pero la capacidad de seguir a alguien no debe disminuirse independientemente del tipo de equipo que tenga. Sin las habilidades para rastrear adecuadamente a alguien, no tendría la oportunidad de usar su equipo. Habiendo dicho eso, he trabajado de vigilancia durante mucho tiempo y he hecho un buen trabajo con equipos prestados e inferiores. A medida que me volví más involucrado y consciente de la tecnología que podría ayudarme en mi trabajo, comencé a invertir en mi propio equipo.

    Hay una gran cantidad de equipos disponibles para este trabajo, pero lo más importante para el cliente y su empleador son los dispositivos que producen video o, al menos, fotos. Eso es porque estas imágenes se convierten en evidencia. Si después de probar las aguas, descubre que este tipo de trabajo es para usted, le sugiero que obtenga su propio equipo. Al tener su propio equipo, no tiene que ir a la oficina cada vez que recibe una asignación para tomar prestado el equipo de su empleador, solo para regresar a la oficina de nuevo para devolver el equipo. Eso lleva tiempo que no le compensan. Si calcula el tiempo que le lleva ir y venir a la oficina en busca de equipo, descubrirá que, si tuviera el suyo propio, se pagaría por sí solo. Tener su propio equipo también le permite trabajar por su propia cuenta y trabajar para tantas empresas de investigadores privados como desee, y le da un aspecto profesional.

Además, si tiene su propio equipo, lo tratará mejor, y cuando se prepare antes de cada vigilancia, sabrá que su equipo está cargado y funciona correctamente. El equipo que a menudo se toma prestado generalmente no se atiende adecuadamente o incluso no está cargado correctamente cuando se le entregan. Desafortunadamente, a menos que ya sea fotógrafo, se sentirá confundido sobre qué equipo de video comprar, y la mayor parte de su educación provendrá de sus propias pruebas y errores. Tampoco soy fotógrafo, pero revisaré un par de características que creo que son las más importantes, junto con otros dispositivos que son útiles en esta línea de trabajo.

Una cosa más antes de entrar en la sección de equipo. Una pregunta interesante surgió mientras se preparaba este capítulo, y tenía que ver con el tema de las armas para la seguridad de un investigador. Como usted ya sabe, soy un oficial de policía retirado y, como tal, tengo licencia para portar un arma de fuego. Sin embargo, casi nunca llevo un arma mientras realizo un trabajo de investigación privada. Y aunque he tenido un par de momentos amenazantes, le agradezco a Dios que nunca ha llegado al punto en que necesitaba usar un arma, y he hecho muchas, muchas vigilancias. La única razón por la que me preparé para esas pocas ocasiones fue porque estaba operando en áreas delictivas extremadamente altas, no para protegerme del sujeto bajo vigilancia. Para aquellos de ustedes que están debidamente autorizados para portar un arma, dejo la decisión a usted y a su empleador. No voy a involucrarme en eso. Debe entender algo aquí: el objetivo de un operador de vigilancia es ser invisible y evitar la confrontación. Incluso si se le acerca un individuo iracundo, difunda la situación, llame a la policía y salga. Ese es el mejor consejo que puedo ofrecer sobre este tema.

Teléfono inteligente

Quiero comenzar con el teléfono inteligente porque este dispositivo es tan versátil que es imprescindible. Solía llevar un teléfono plegable y esperaba el día en que ya no necesitara llevar un teléfono. Ahora las cosas han cambiado drásticamente, y no sé si alguna vez estaré sin uno. Cuando me comprometí con este dispositivo, descubrí de inmediato las ventajas que esta herramienta podría proporcionar en el mundo de las investigaciones privadas.

Cualquier duda que pueda haber existido fue completamente eliminada después de una experiencia que tuve durante una extraña vigilancia. Esta es la versión resumida de los eventos. Una vez me ordenaron vigilar a un sujeto que ya sabía que lo estaban siguiendo. El sujeto vivía en una comunidad que estaba rodeada por una inmensa área arbolada y montañosa. Mi asignación era iniciar una vigilancia a pie y entrar en la sección pública del bosque desde donde conduciría mi vigilancia. El primer problema fue que el cliente estaba dirigiendo esta vigilancia, y la información que se proporcionaba era inestable. Es por eso que dije antes que los clientes nunca deben dirigir vigilancias.

De todos modos, vayamos al grano aquí. Ocurrió un evento que me impidió regresar por donde había entrado al bosque y hasta donde estaba mi vehículo sin ser detectado. Tuve que encontrar otra manera y pronto aprendí que estaba perdido en el bosque. Pensé en la función de mapa en mi teléfono y pude descubrir un camino más adelante en el bosque. Eventualmente pude salir del bosque y regresar a mi vehículo con una nueva apreciación de este dispositivo.

El teléfono inteligente también proporciona una función de navegación en forma de un GPS, junto con una gran selección de aplicaciones que pueden ayudarlo en este campo de trabajo. La siguiente es una lista de algunas de las aplicaciones que uso y una breve descripción:

- Mapas Google - le muestra una vista de satélite de su ubicación de interés y le permite navegar por el vecindario en el que va a trabajar desde una ubicación remota. También uso esta

aplicación para tomar capturas de pantalla de las ubicaciones pertinentes en modo satélite o mapa. También lo he usado para adquirir la dirección desconocida de una ubicación.
- NYC Subway - proporciona un mapa de todo el sistema del metro in Nueva York, incluidas las líneas individuales y las paradas del tren. Esto también es útil para determinar de dónde puede llegar o salir un sujeto. Esto es lo que tenemos en Nueva York, pero estoy seguro de que también hay uno para su área.
- FlightView - proporciona información sobre las llegadas y salidas de aviones.
- La tarjeta Spoof - le permite ocultar el número desde el que llama, así como su voz.
- Burner - funciona como un teléfono de prepago, excepto que es una aplicación.
- Waze - le informa dónde se pueden ubicar las cámaras de velocidad y de semáforos.
- Theodolite - es una aplicación de cámara única que proporciona mucha información cuando toma una foto. Creo que esta aplicación también es utilizada por los topógrafos.
- Evernote - es una aplicación para tomar notas. Realmente no lo uso debido a otros recursos que tengo. Pero es una aplicación que parece ser popular entre los investigadores que la utilizan para tomar notas.
- Winmail Viewer y Letter Opener - son útiles cuando una asignación por correo electrónico se niega a abrir en su extremo. Puede ver documentos de texto o fotos.

Aplicaciones de fotos

Existen numerosas aplicaciones de fotos para elegir, pero descubrí que la aplicación de fotos estándar que viene con el teléfono puede hacerlo todo. Con la aplicación de fotos, puedo tomar fotos de cualquier cosa, incluyendo el sujeto. Puedo usar el zoom o poner el teléfono a mi oído cuando estoy muy cerca del sujeto y utilizar la función de

Equipo y uso

ráfaga para tomar varias fotos al azar en lugar de apuntar el teléfono, lo que lo haría demasiado obvio.

Solo una advertencia aquí: asegúrese de apagar el flash y el sonido que hace el teléfono cuando toma fotos. El no hacer esto realmente puede arruinar su investigación.

También puede grabar con el teléfono y enviar por correo electrónico o mensaje de texto el video o las fotos a su empleador o al cliente al instante. En muchas ocasiones, también grabé o tomé fotos de la pantalla LCD de mi videocámara que muestran sujetos u otras cosas importantes. Luego envío por correo electrónico o texto los medios capturados a la fuente adecuada para confirmar la identidad de alguien bajo vigilancia o para verificar otra información. El teléfono inteligente también tiene una grabadora de voz, que puede ser útil para tomar notas o al tratar de documentar rápidamente un número de placa o una dirección cuando está a pie y cuando escribir no parece apropiado.

Por último, pero no menos importante, es una aplicación que he mencionado anteriormente, pero no he decidido si lo publicaré o no. Tengo un nombre para la aplicación, pero me abstendré de revelarlo aquí hasta que pueda estar seguro de poder usarlo. En algún momento, les informaré a los lectores en mi sitio web si será publicada, y cuándo se publicará la aplicación. En pocas palabras, la aplicación fue diseñada como una herramienta para los investigadores de vigilancia, pero también puede ser utilizada por los servidores de procesos y el público en general debido a su interesante funcionalidad. La aplicación le permite documentar varias ubicaciones en un mapa relacionado con un caso específico. Ver estas ubicaciones marcadas en un mapa, todas a la vez, le da una idea de los lugares frecuentados por sus sujetos y puede ayudarlo a localizarlos si los pierde cerca de las ubicaciones documentadas.

La aplicación también le permite a su (s) colega (s) únirse a su mapa y compartir toda la información ya documentada, incluidas las ubicaciones de los invitados en el mapa. Esto le da la oportunidad de crear estrategias y reposicionarse de acuerdo con lo que es visible en el mapa y la ubicación de su sujeto.

Al avanzar, también le recomendaría que obtenga un cargador portátil para su teléfono porque habrá ocasiones en que su teléfono necesitará un impulso durante una vigilancia larga a pie.

Finalmente, mi teléfono es el dispositivo del que obtengo todas mis asignaciones. Los empleadores me contactan por correo electrónico y me envían las asignaciones junto con las fotos disponibles. Guardo toda la información y puedo recuperarla en cualquier momento sin tener que cargar documentos que puedan perderse fácilmente. He invertido mucho tiempo en esta pieza de equipo, pero quería mostrarle lo importante y útil que es hacer su trabajo más fácil.

Cámara de video

Este dispositivo documenta y reúne información vital relacionada con su caso, por lo que es importante tener una buena videocámara. No entraré en los nombres de marca, pero puede ir en línea y buscar las más confiables. A menos que sea un fotógrafo hábil, no podrá notar la diferencia, pero aquí están algunas de las cosas que buscaría. ¿Tiene la cámara una cantidad decente de zoom? Cuanto mejor sea el zoom, más lejano podrá estar para hacer nuestras observaciones ¿Tiene una ranura para tarjeta SD junto con la memoria interna? Algunas cámaras solo tienen una característica. Yo prefiero ambos porque me da más opciones. Tener la capacidad de la tarjeta SD me permite simplemente entregar el video a mi empleador o cliente una vez completado, y no es necesario subir el vídeo por mi parte. Además, la característica de marca de tiempo es importante. Esta es una visualización de la fecha y hora de la grabación en su video. Este es un elemento esencial de evidencia que también demuestra su presencia en la ubicación de la operación, incluso cuando no ocurre nada.

Cada vez que llego a una asignación, intento capturar una grabación clara de la ubicación y, si es posible, desplazo la cámara al letrero de la calle más cercano en una toma de video continua. También

Equipo y uso

puede grabar letreros de calles cuando la dinámica del vecindario le impida configurar un puesto de observación desde la ubicación del objetivo. Hago esto para disipar cualquier duda sobre la hora y el lugar donde estoy operando. Al grabar, debe tener en cuenta su entorno en el momento en que conecta su cámara para grabar algo.

No todas las empresas hacen esto, pero las que yo trabajo requieren algo llamado "toma de tiempo". Una toma de tiempo es cuando tomas una grabación por hora, en algunos casos cada media hora, el lugar bajo vigilancia para demostrar que usted todavía está presente. Entiendo el razonamiento detrás de esto, pero cada vez que la cámara se acerca al nivel de los ojos, corres el riesgo de estar expuesto. Debido a las condiciones actuales en el mundo en que vivimos, las personas tienden a tener una mayor conciencia de su entorno, especialmente cuando se trata de niños (como debería ser). Por lo tanto, debe de ser aún más cuidadoso cuando filme en un área donde haya niños, porque eso puede llevar rápidamente a una confrontación.

Debe tener en cuenta todo, incluso el tamaño de la videocámara. Tengo dos videocámaras, pero prefiero la más pequeña porque es muy portátil. Otra cosa que debo mencionar sobre las videocámaras es que también toman fotos y, por mi experiencia, eliminan la necesidad de la cámara tradicional. Con las videocámaras actuales, puede tomar una foto o poner en pausa el video que tomó y tomar una foto de la imagen deseada.

En lo que respecta a la grabación con poca luz, la videocámara tiene sus límites en esta área. En mis videocámaras, tengo dos funciones: "modo color de noche" y "modo noche infrarroja". El modo color de noche funciona muy bien con poca luz, pero el segundo que algo se mueve, como el sujeto, un vehículo que pasa o la inestabilidad de su propia mano: la imagen se distorsiona hasta que haya algo de estabilidad en ambos lados de la cámara. El modo nocturno infrarrojo es bueno, pero solo hasta unos quince metros, así tiene que estar muy cerca de su sujeto.

No hay mucho más que pueda hacer sobre disparos nocturnos a menos que tenga el dinero para comprar las cosas realmente caras o improvisar. Dependiendo de la ubicación geográfica de la vigilancia, a veces enciendo los faros delanteros en la dirección del sujeto cuando se filma por la noche y cuando hacerlo no me expone. La otra cosa que puede hacer es obtener un monopie o trípode para su cámara. Descubrí que esto mejora enormemente la calidad de imagen que intento capturar por la noche cuando estoy usando el modo nocturno de color, porque estabiliza la cámara.

Una sugerencia más aquí antes de seguir: siempre llevo un cojín de asiento (ver la figura 10) que tiene un agujero (para mayor comodidad, me imagino). Sin embargo, utilizo este cojín de asiento todo el tiempo porque bloquea la luz proveniente de la cámara y a la misma ves me mantiene oculto, permitiéndome capturar video por el agujero a mis sujetos que están a menos de un metro frente a mí. Los videos y fotos que capturo usando este dispositivo son tan impresionantes que hace que parezca que los sujetos me miran fijamente mientras los filmo.

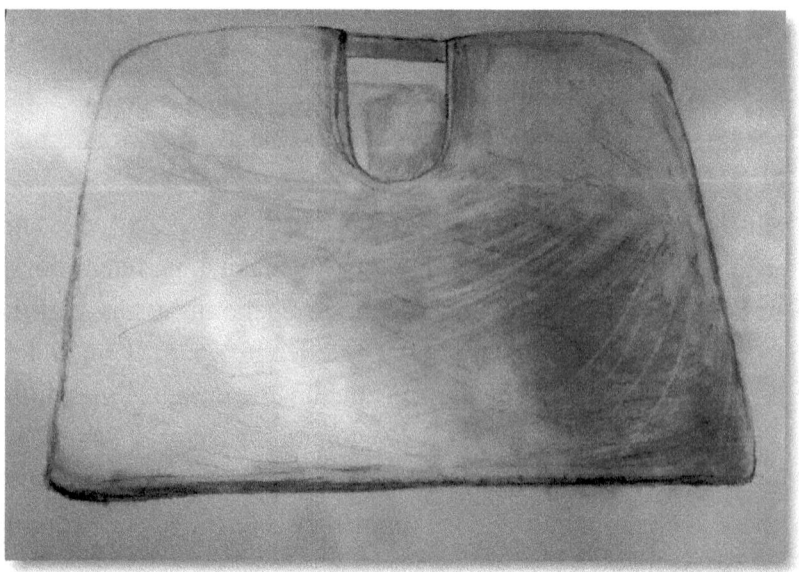

Figura 10

GPS

Aunque muchos teléfonos celulares de hoy en día tienen GPS, todavía uso un dispositivo independiente GPS para vigilancia. Lo prefiero de esa manera porque también conserva la batería y datos en mi teléfono. Sin embargo, la posibilidad de usar ambos dispositivos también es una ventaja. Tengo un GPS independiente activado por voz y es útil si estoy conduciendo porque puedo hablar con él y obtener resultados sin tener que detenerme para ingresar la información. También me impide apartar la vista de la carretera durante un período prolongado.

Cámara encubierta para el cuerpo

Existe una gran variedad de cámaras ocultas en el mercado, y la selección de una requerirá paciencia, prueba y error. Muchos de estos dispositivos son delicados, con pequeños botones junto a otros botones pequeños en lugares estrechos. Debe de considerar su estilo y lo que le hace sentir cómodo. Para fines de vigilancia, necesita una "cámara encubierta para el cuerpo". Estas vienen en muchas formas, como un botón o cámara de agujerito, un control remoto de automóvil, un auricular Bluetooth, lentes de espionaje, relojes, sombreros, y la lista continúa. Todos estos son útiles, pero lo que separa a todas estas cámaras es su capacidad de grabar en poca luz.

Utilizo una cámara de botón con capacidad de grabar en poca luz y que conecta a un mini DVR portátil porque los otros dispositivos no funcionan bien en condiciones de poca luz. El botón, o cámara de agujerito, funcionan con un mini DVR portátil. La cámara del sistema de botones es el dispositivo pequeño con un cable que se conecta al mini DVR (consulte la figura 11). Puede ser difícil de manejar debido a los cables, pero no se puede discutir su efectividad.

También puede escoger ropa con la cual se sienta cómodo y rediseñarla para que funcione con su cámara oculta. Tengo una chaqueta con un botón cosido en el lado izquierdo y un ojal cosido en el lado derecho donde puedo instalar la cámara del botón (para ver una comparación lado a lado, ver las figuras 12 y 13). No se puede ver la diferencia en absoluto.

Otra razón para considerar el uso de una cámara oculta es cuando está presentando citaciones. Sé que el enfoque aquí es la vigilancia, pero puede haber momentos en los cuales se le pida que entregue una citación. Esta parte de las investigaciones privadas puede presentar algunos problemas porque a las personas no les gusta que les den citaciones y, a su vez, pueden presentar una acusación falsa contra usted. La cámara oculta es una forma de protegerse en caso de que alguien haga un reclamo falso. El audio no siempre es necesario, y necesita conocer las leyes en su estado. No desea grabar la voz de alguien en un estado de dos partes. Un estado de dos partes significa que, en ese estado, se necesita el consentimiento de ambas personas a las cuales usted está grabando.

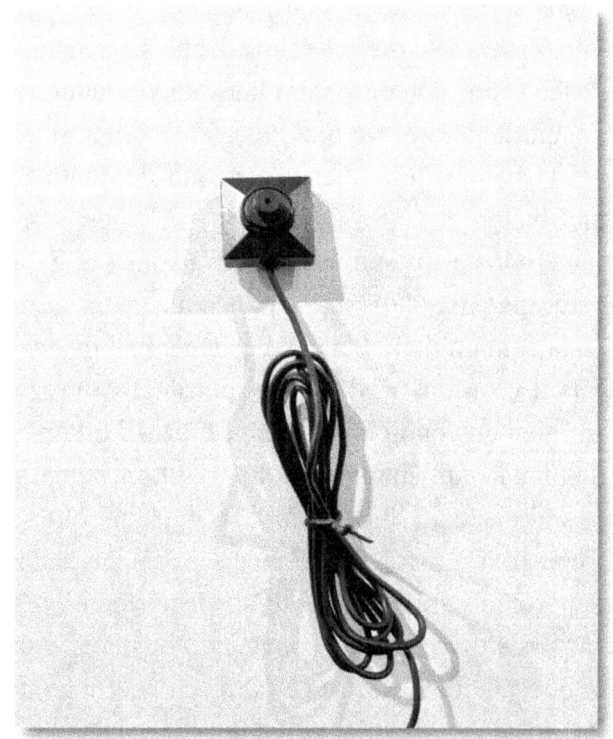

Figura 11

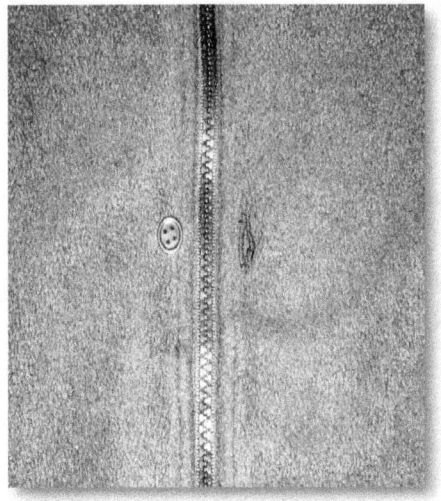 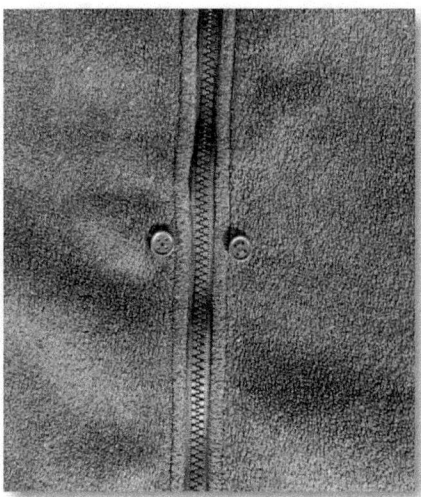

Figura 12 sin Cámera   Figura 13 con Cámera

Laptop o Tablet

Tener una computadora portátil o tableta en el campo de trabajo proporciona algunos beneficios clave. Le permite preparar sus notas de una manera organizada, lo que le ahorra tiempo adicional dedicado a escribir un informe por el cual no será compensado. También proporciona los medios para guardar todos sus estuches y fotos relacionadas en un solo dispositivo en el caso de que necesite investigar un caso en el que ha estado trabajando durante un tiempo.

Dash Cam

Este dispositivo está conectado a su tablero o parabrisas para el único propósito de registrar todo lo que está delante de usted. No soy un gran admirador de estos, pero si está en el mercado por uno, recomendaría uno que funcione bien en condiciones de poca luz. Y al igual que la cámara oculta, no hay zoom, por lo que debe estar cerca. Asegúrese de obtener uno con sello de fecha y hora. Si no puede comprar uno o tiene curiosidad sobre los resultados que puede proporcionar, puede experimentar con su videocámara. Todo lo que necesitaría es una de esas copas de succion que se pueden unir a su tablero de instrumentos o parabrisas. He hecho esto cuando la posibilidad de que algo importante ocurra muy rápido fue evidente y sostener una cámara con mis manos no sería una buena idea. Lo bueno de usar una videocámara de esta manera es que tiene capacidad de zoom, a diferencia de tu común *dash cam*. También hay algunas buenas cámaras de acción en el mercado que toman excelentes videos y fotos y pueden ser activadas por voz. Sin embargo, entre algunos de los problemas mencionados anteriormente con respecto a las cámaras ocultas es que no he visto una con la función de sello de fecha y hora que es muy importante. Y eso puede ser un factor decisivo para algunos.

Cámara Time-Lapse

Algunas cámaras de video e incluso cámaras encubiertas tienen una función de lapso de tiempo. El problema con el uso de esta característica exclusivamente en los dispositivos que acabamos de mencionar es que usará la batería y consumirá un tiempo valioso cuando necesite usar esos dispositivos para otras cosas. Si puede pagarlo, una cámara de lapso de tiempo es un buen artículo para tener. Puede estacionar su automóvil cerca de la ubicación de destino, disfrazar su cámara creando una caja para ella y salir de su vehículo mientras su cámara hace todo el trabajo. Nadie estará demasiado preocupado porque el auto está desocupado.

He usado esta función cuando era absolutamente necesario capturar un sujeto cuando salía de una puerta específica. Una videocámara no es tan eficiente porque un sujeto puede estar en un lugar durante horas, y sostener una videocámara durante ese período de tiempo puede ser agotador y no capturar la imagen necesaria para su caso. Además, la videocámara tarda unos segundos en estar lista para grabar una vez que abra la puerta de la pantalla LCD. Con una cámara de lapso de tiempo, todo lo que tiene que hacer es configurarlo y olvidarlo.

Mochila

Las mochilas son excelentes porque le permiten integrarse con los demás mientras lleva todo su equipo importante. Incluso si está realizando una vigilancia móvil, es necesario llevar una mochila porque es posible que deba salir de su automóvil para continuar la vigilancia a pie. Esto es parte de su preparación. Necesita una bolsa con bolsillos o compartimentos múltiples para que pueda almacenar sus dispositivos de manera organizada. Usted no quiere que las cosas esten tiradas por toda su bolsa; desea poder ubicar un artículo rápidamente cuando lo necesite. Además, estos delicados dispositivos de vigilancia pueden dañarse si no se aseguran adecuadamente.

Al seleccionar una bolsa, decida si va a llevar una computadora portátil o una tableta, ya que algunas bolsas no pueden soportar el tamaño de una computadora portátil. Tengo las siguientes bolsas para diferentes configuraciones: una mochila escolar tradicional, una mochila pequeña y una bolsa de mensajero. Cuando sé que voy a estar en una vigilancia larga a pie, y no puedo traer todo mi equipo, reduzco mi tamaño y traigo una tableta. Incluso puede usar la aplicación adecuada en su teléfono inteligente para tomar notas para su informe si el espacio es un problema.

Inversor de energia

Todos estos dispositivos que llevas para vigilancia tienen una cosa en común: todos deben cargarse. Un inversor de energia puede recargar múltiples dispositivos a la vez dependiendo de lo que compre, y los inversores de energía no están limitados a los puntos de AC. Algunos inversores de energía tienen incluso ranuras USB y ranuras para encendedores de cigarrillos. Hay una gran variedad de estos, y no son caros.

Linterna

Las linternas siempre son buenas. Tengo un par y una que produce una luz roja. Podría decirse que la luz roja puede ser un poco más discreta y supuestamente preserva su visión nocturna.

Cargador de baterías para automóviles

Esto es imprescindible para la vigilancia móvil. Habrá momentos en que deje algo prendido accidentalmente en su vehículo y su batería muera. En una situación como esta, deseará tener uno de estos. Mucho sucede durante una vigilancia que a veces pasa desapercibido. En varias ocasiones, he tenido la batería de mi automóvil muerta, pero en todas mis situaciones, tuve la bendición de encontrar una salida a pesar de no tener un cargador de baterías portátil. En un caso, era tarde en la noche, y yo estaba muy lejos de casa. Tenía cables de carga y pude obtener ayuda de otro automovilista, pero mi vehículo no se cargó. El automovilista estaba a punto de darse por vencido cuando un vecino amable que vio mi situación salió con un cargador de autos portátil, y en cuestión de segundos, mi coche cobró vida.

Estaba tan impresionado que no solo compré uno para mí, sino también para toda mi familia. Algunos de ellos pueden ser costosos, pero ofrecen otros servicios, como un compresor para llenar sus llantas, una luz para iluminar el área de trabajo y la capacidad de cargar sus dispositivos electrónicos, sin mencionar el dinero que le ahorraría si tuviera que pedir ayuda y remolcar tu auto.

Dispositivo de punto de acceso móvil

Este dispositivo le permite conectar de forma inalámbrica dispositivos que tienen Wi-Fi habilitado en Internet. Utilizo esto cuando hay alguna discrepancia en cuanto a la identidad de un sujeto que necesita ser identificado y la imagen tomada por el teléfono celular de la pantalla LCD de mi videocámara puede no ser lo suficientemente clara. Después de tomar video de uno o más sujetos posibles, aislo sus imágenes y los subo a mi computadora portátil mientras estoy en el campo de trabajo. Luego envío por correo electrónico las imágenes a los canales apropiados para obtener una confirmación de identificación. Las imágenes enviadas de esta manera son mucho más claras y nítidas. También puede enviar informes desde el campo de trabajo y recibir otra información pertinente que pueda ayudarlo en su investigación. Hay una tarifa mensual adjunta a este dispositivo que también debe considerar.

Auriculares

Cuando está parado durante una vigilancia móvil, es buena idea tener auriculares que se puedan conectar a través de Bluetooth a su teléfono o su vehículo, ya que elimina cualquier ruido proveniente del interior de su vehículo. Dependiendo del volumen necesario para que escuche, la radio de su auto puede oirse desde afuera del vehículo. Las conversaciones de voz y un teléfono que suena también se pueden oír fuera del vehículo cuando está usando Bluetooth. Al mismo tiempo, los auriculares no deben usarse mientras el vehículo está en movimiento.

También recomiendo el uso de auriculares que se conectan a su teléfono, inalámbrico o de cualquier otro tipo, siempre que esté vigilando a pie. En esta situación, los auriculares eliminan la mayor parte del ruido exterior y le dan una mejor oportunidad de recibir una alerta de una llamada entrante. También puede usarlos para comunicarse con otros miembros del equipo que están en el campo con usted, y se ve perfectamente normal porque muchos otros peatones usan lo mismo.

Limpiador de vidrio

Siempre tenga una botella de limpiavidrios en su vehículo para limpiar las ventanas de su automóvil.

Desinfectante de manos

Se utilizan mucho los baños públicos en este negocio, y la necesidad de desinfectar sus manos es importante para su salud y la salud de los demás.

Imanes de coche

No los uso, pero muchos otros investigadores sí. Simplemente crean el nombre de una ocupación en la que se sienten cómodos y ponen calcomanías magnéticas hechas para adherirse a los costados de sus vehículos antes de establecer un puesto de observación en un barrio residencial. Lo bueno de esto es que puede eliminarlos fácilmente cada vez que quiera cambiar su apariencia. Pero lo más importante para recordar es que no puede tomar el nombre de una empresa ya establecida. Debe inventarse el nombre, al igual que cuando crea una identificación falsa.

Ropa

Revisamos esto antes, pero es lo suficientemente importante como para revisarlo nuevamente. Estar "Callado" físicamente es tan importante como estar callado audiblemente. Quiere lucir como todos los demás y no sobresalir. Use ropa que se adapte a su entorno y use colores neutros. Esto incluye su calzado. Muchas veces he seguido individuos que se mezclan bien con el ambiente, pero serían difícil de monitorear si no hubieran usado zapatillas de neón. Los colores brillantes le hacen sobresalir, y es bueno cuando los sujetos hacen esto, pero no los investigadores.

También, use elementos con muchos espacios para almacenamiento que le permitan asegurar artículos y dispositivos esenciales cuando se encuentre a pie. Esto incluye sombreros, no solo un sombrero, sino varios sombreros, que pueden alterar su apariencia. Las gafas de sol también son útiles, pero no a lo largo de toda una vigilancia cuando es posible que haya estado en el campo de visión del sujeto varias veces. Alterne su combinación de gafas y sombrero para deshacerse de tu objetivo.

Etiquetas adhesivas fosforescentes y cinta adhesiva para escenarios

Puede utilizar estos elementos cuando se encuente en un entorno muy oscuro y necesite un punto de referencia para identificar una ubicación fija, como la residencia de su sujeto. Pegue uno de estos objetos a una roca o al lado de un árbol para monitorear la ubicación a distancia.

Transmisor infrarrojo

Este es otro dispositivo pequeño que funciona con batería y que puede usarse en configuraciones oscuras para ayudarle a proporcionar un punto de referencia sobre una ubicación del objetivo. Sin embargo, no se puede ver a simple vista; necesitaría un dispositivo de visión nocturna para ver su iluminación.

Máquina de etiquetar

Esto no es una necesidad absoluta, pero con la acumulación de equipos y cables, etiquetar cada uno no sería una mala idea. También ayuda a evitar la confusión entre su equipo y el de otro investigador cuando trabajan juntos.

Dazzle

Este dispositivo es esencial cuando se requiere que produzca una copia de sus grabaciones de video. Aunque su grabación muestra la función de sello de fecha y hora, dicha información no puede transferirse a un DVD. Necesitaría un dispositivo como Dazzle para capturar no solo el video sino también la información del sello de tiempo.

Bolsas Ziplock

Son geniales para organizar los cables de su dispositivo. Mezclar cables juntos en un área confinada los enreda y hace las cosas más difíciles cuando es necesario.

Drones voladores

Menciono este equipo porque estoy seguro de que muchos sienten curiosidad por él. Drones, o UAS en ingles, son interesantes; sin embargo, debe conocer todas las regulaciones relacionadas con el uso recreativo y comercial. Tengo conocimiento limitado en esta área porque la situación ha sido fluida por un tiempo. Actualmente, según entiendo la situación, necesita adquirir una licencia de piloto remoto si va a utilizar un dron por razones comerciales en los Estados Unidos.

El examen para esta licencia se llama Prueba de conocimiento aeronáutico de la Parte 107 de la FAA. Han reducido significativamente los requisitos de su estado anterior. Sin embargo, mi consejo sería mantenerse alejado de este equipo hasta que comprenda completamente los requisitos y cómo usarlo correctamente sin infringir la ley. Las multas son severas.

Esto completa mi lista inmediata de artículos, pero hay mucho espacio para que agregue más. Una cosa más que me gustaría mencionar: trate de comprar todos sus dispositivos en negro porque son más discretos, especialmente por la noche.

Capítulo 7

Reporte escrito

Un informe escrito es necesario para cada vigilancia. Si está trabajando en un caso que requiere varios días de vigilancia, se recomienda un informe individual por cada día de vigilancia. Usted o su empleador pueden proporcionar al cliente un informe suplementario o resumen al final de la investigación, pero los informes diarios son más fáciles y convenientes de seguir.

Intente completar su informe inmediatamente después de cada vigilancia, mientras la información aún está fresca en su mente. Retrasar o permitir que informes sin terminar se acumulen durante otras vigilancias solo causa confusión en los detalles. Su informe debe ser gramaticalmente preciso y estar libre de suposiciones y adornos. Presente solo los hechos tal como los observó, independientemente del resultado.

Los informes de vigilancia que preparo siguen una línea de tiempo, y es importante que sus grabaciones de video se correspondan con los tiempos documentados en su informe. La mayoría de mis informes están documentados con hora militar; muy pocos empleadores con los que me he encontrado prefieren el tiempo civil. En mis informes, nunca documenté mi nombre completo, solo mis iniciales. También escribo mis informes en tercera persona para que parezca que alguien más está escribiéndolo, lo que hace que mi identidad sea ambigua para cualquiera del lado opuesto que pueda leerla por cualquier motivo. Entiendo que se le puede exigir a un empleador que revele el nombre del investigador si el caso va a juicio o audiencia, pero continúo escribiéndolo de esta manera independientemente. Su informe también debe ser articulado, con el mayor detalle posible. Los pequeños detalles pueden conducir a pistas importantes e incluso a la solución de su investigación.

Al llegar a su asignación, tome un video rápido de la ubicación. Luego comience a documentar una descripción detallada de sus hallazgos. ¿Es un edificio residencial? Si es así, ¿es una casa de una o dos familias? ¿Las luces estaban encendidas o apagadas al llegar? ¿Es una estructura de marco de ladrillo o madera? ¿Cuál es el color del territorio? ¿Cómo está diseñado? ¿Hay un porche o garaje? ¿El tipo de comunidad es residencial o comercial? ¿Cuántos vehículos están estacionados en la ubicación?

Si se trata de una casa privada, anote los números de matrícula de los vehículos en la propiedad. ¿Hay botes de basura al final del camino de entrada (un indicador de que alguien ha estado en este lugar recientemente)? Recuerdo llegar temprano a un lugar en un día nevado; Me di cuenta de que ya había habido actividad y la dirección de esa actividad debido a las huellas de neumáticos en la nieve que sale de la entrada. Además, tome notas mentales de la actividad del vecindario, como quién va o viene del trabajo, quién va a la escuela, quién pasea a los perros y en qué momento están sucediendo estas cosas. Esto puede ser útil para usted u otro investigador que realice una vigilancia de seguimiento y esté buscando una buena puesto de observación.

Al tratar de señalar la ubicación de algo que se describe, algunos usan los términos lado izquierdo, derecho, delantero o trasero, pero solo es relativo desde su perspectiva. Déjeme explicarle. Si está frente a una casa desde el exterior y describe un garaje adjunto en el lado izquierdo de la casa, esa ubicación estaría en el lado derecho de la casa para alguien que se encuentre adentro. Para remediar esto, algunos investigadores usan direcciones cardinales o de brújula: norte, sur, este y oeste. El hecho de que estos puntos sean fijos hace que este método sea el más preciso para proporcionar una orientación adecuada para el lector.

A veces, en una vigilancia, tiene numerosos jugadores activos que pueden ser conocidos o desconocidos; referirse a uno como "el varón alto blanco con el abrigo de piel", por ejemplo, no es la forma más conveniente de documentar en su informe cada vez que este individuo hace algo. Lo que puede hacer aquí es buscar una característica específica del individuo que ayude a identificarlo, y agregue las iniciales SN – para Sin Nombre, antes de esa característica. Entonces, si su jugador tiene una marcada cicatriz en su rostro, puede documentar a esta persona en su informe como "SN-Cicatriz" o "SN-Caracortada". Este es un nombre de marcador de posición hasta que pueda identificarlo o eliminarlo de su investigación. Al referirse a su sujeto, puede referirse al individuo como el sujeto, el objetivo o el apellido del sujeto. Depende de la política de la agencia para la que trabaja.

Algo esencial para mis informes es lo que llamamos "toma de tiempo". Estas son tomas de video tomadas cada hora, especialmente si ha estado sentado en el mismo lugar por un tiempo esperando que ocurra algo. Esto ayuda a demostrar que estuvo presente y no salió de la ubicación. Si su sujeto está activo y en movimiento, no es tan importante grabar cada hora porque probablemente esté grabando las actividades del sujeto. Tampoco es tan importante que la grabación se haga exactamente en la hora; solo trata de mantenerlo cerca. Al mismo tiempo, no se fuerce a hacer una toma de tiempo si hay personas cerca de usted. Ellos pueden verle. Simplemente espere a que se vayan y explíquelo en su informe si es necesario. Igual de importante es que también registre la hora de su llegada y salida.

Una última cosa aquí sobre los informes. Algunas compañías de investigadores privados ponen un límite a la cantidad de tiempo que puede facturar a un cliente por su informe. Después de una vigilancia, puede tardar hasta dos horas para organizar sus notas y unirlas a su video. Si su empleador impone un límite de, digamos, una hora y le llevó más tiempo hacerlo, no recibirá compensación por ese tiempo adicional. Para evitar esto, escribo mi borrador en mi computadora o tableta mientras estoy en el campo. De esta manera, cuando llegue a casa, todo lo que tengo que hacer es hacer correcciones y agregar otros detalles en lugar de comenzar en cero. A veces todavía sobrepaso el tiempo asignado, pero no mucho y no a menudo. Si es bueno con su computadora, incluso puede agregar fotos a sus informes que ilustren lugares y personas de interés. Pero esto no siempre es necesario porque también tiene un video de sus dispositivos de grabación. Guarde todos sus informes para futuras referencias y en caso de que su investigación vaya a juicio. A continuación, encontrará un ejemplo de un informe de vigilancia.

Muestra del Informe de Vigilancia

Muestra de caso # xxxxxxxxx

Investigador: J.R.
Tiempo: 50 °
Lunes 1 de enero, 1980

0400 hrs. El investigador está en camino a la calle XXXX en XXXX, NY.
0445 hrs. El investigador llega a la ubicación mencionada anteriormente y descubre un rancho de un piso con revestimiento de vinilo gris y persianas negras. La puerta de entrada principal es negra y está ubicada en el centro de la residencia. Sobre la entrada principal hay un saliente sostenido por dos pilares de piedra, de color gris. En el extremo este de la casa hay un camino de entrada que conduce a un garaje separado para dos automóviles con grandes puertas negras que se abren hacia afuera para el acceso del vehículo. En el camino de entrada, el investigador observó una XXXXX gris, registro NY # 11111, que está registrado para el sujeto. Estacionado frente a la residencia estaba un tododterreno XXXXX blanco, PA registration # 11111. Video tomado.
0500 hrs. El investigador se comunica con el primer precinto y les informa de su presencia en el área.
0510 hrs. El investigador observa que se enciende una luz desde dentro de la residencia.

0600 hrs. No hay actividad para reportar en este momento. Video tomado.

0615 hrs. El investigador observa a un hombre blanco, de aproximadamente 6'1", 200 libras, cabello salpicado, lentes recetados, sudadera con capucha verde, jeans azules y zapatillas blancas, cuando sale de la residencia y entra en su vehículo gris. El hombre se ajusta a la descripción del sujeto que se proporcionó en los detalles de la asignacion. Movimiento de vigilancia iniciado. Video tomado.

0645 hrs. El hombre desconocido se detiene en una tienda de delicatessen ubicada en la calle XXXX. Video tomado.

0650 hrs. El hombre desconocido, cuya identidad se confirma en este momento como ser el sujeto, sale de la ubicación con los artículos comprados, ingresa a su vehículo y sale de la ubicación. Se reanudó la vigilancia en movimiento. Video tomado.

0655 hrs. El investigador observa que el sujeto es un conductor errático y agresivo que deja de utilizar sus señales direccionales cuando cambia de carril o gira en las intersecciones.

0730 hrs. El sujeto llega a su lugar de trabajo, ubicado en la calle XXXX. La ubicación es un edificio comercial de cuatro pisos construido en ladrillo rojo con grandes ventanas oscurecidas en todo su alrededor. La ubicación está equipada con un sistema de tarjeta de acceso sin llave y cámaras de vigilancia en todo el perímetro. Se observó a un guardia de seguridad en la entrada principal. Video tomado.

0800 hrs. No hay actividad para reportar en este momento. Video tomado.

0815 hrs. Se observa que el guardia de seguridad realiza una patrulla perimetral.

0825 hrs. El operador de correo llega para entregar correo.

0900 hrs. No hay actividad para reportar en este momento. Video tomado.

0916 hrs. El investigador observa que el sujeto emerge de la ubicación para fumar un cigarrillo. Momentos después, el sujeto se acerca a un vehículo blanco, el registro NJ # 0000, que acaba de llegar y estacionó a la vuelta de la esquina de la ubicación. El sujeto tuvo una breve conversación con el único ocupante del vehículo antes de darle a este individuo un objeto desconocido. Al finalizar, el sujeto regresó a su lugar de trabajo. Video tomado.

1000 hrs. No hay actividad para reportar en este momento. Video tomado.

1100 hrs. No hay actividad para reportar en este momento. Video tomado.

1200 hrs. El investigador observa que el sujeto sale de su lugar de trabajo y continúa a pie más allá de su vehículo. Investigador J.R. inicia una vigilancia de pie. Video tomado del sujeto cuando salió de la ubicación.

1203 hrs. El investigador activa su cámara encubierta.

1210 hrs. El sujeto ingresó a un restaurante ubicado en la calle XXXX. Cuando el investigador cruzó la calle para ingresar al mismo lugar, observó el mismo vehículo blanco mencionado arriba cuando llegó y se estacionó frente al restaurante. Segundos después, el operador, un hombre blanco, aproximadamente de 5'10", 190 libras, cabeza rapada, aro en la oreja derecha, camiseta azul de manga larga, jeans azules y zapatillas negras, sale del vehículo y entra al restaurante. Este individuo se denominará "SN-Aro" hasta que pueda ser identificado. Video encubierto tomado.

1212 hrs. El investigador ingresa al lugar y observa al sujeto y SN-Aro sentados en un área aislada en la parte posterior del restaurante. Su conversación, aunque animada a veces, se lleva a cabo en un tono bajo. Video encubierto tomado.

1240 hrs. Se observa que el sujeto paga su comida, pero permanece sentado en el restaurante. Video encubierto tomado.

1250 hrs. El investigador observó que SN-Aro iba al baño. Segundos más tarde, el sujeto sale de la ubicación sin esperar a que SN-Aro regrese. Se reanudó la vigilancia en movimiento. Video encubierto tomado.

1300 hrs. El sujeto regresa a su lugar de trabajo. Video encubierto tomado.

1302 hrs. El investigador regresa a su vehículo de vigilancia y continúa monitoreando la ubicación. Video encubierto desactivado.

1600 hrs. El investigador observa al sujeto cuando sale de su lugar de trabajo y entra en su vehículo. Se reanudó la vigilancia en movimiento a medida que el sujeto abandona la ubicación en su vehículo. Video tomado.

1602 hrs. El sujeto se detiene a varias cuadras de su lugar de trabajo, sale de su vehículo, coloca un objeto desconocido en el baul y luego continúa en su vehículo. Se reanudó la vigilancia en movimiento. Video tomado.

1700 hrs. El sujeto llega a su residencia. El sujeto recupera un objeto desconocido del baúl de su automóvil y procede directamente a su garaje. El sujeto permaneció oculto dentro de su garaje durante varios minutos antes de salir para recoger el correo de su buzón y luego ingresó a su casa. Video tomado.

1730 hrs. No hay más actividades para informar en este momento. Vigilancia terminada. Video tomado.

Puntos clave:
- Escriba un informe detallado.
- Escríbalo en tercera persona.
- Reporte solo los hechos. No haga suposiciones ni adornos.
- Use direcciones cardinales o de brújula para una ubicación precisa.

Reporte escrito

- Use nombres de marcador de posición cuando tenga jugadores únicos o múltiples en una investigación cuyas identidades se desconocen inicialmente.
- Tome "tomas de tiempo" por hora mientras está en vigilancia, especialmente de sus tiempos de llegada y salida.
- Aprenda a comenzar sus informes en el campo de trabajo con el fin de ahorrar tiempo, pero no a expensas de perder algo que debería estar mirando. Sus observaciones tienen prioridad sobre cualquier preocupación sobre cuánto tiempo le tomará completar un informe.

Capítulo 8

Una palabra para los empleados

Hasta este punto, he hablado mucho sobre los muchos aspectos involucrados con las operaciones de una vigilancia. Pero hay otras cosas de las que debe estar consciente que incluyen también el otro lado de el negocio. Perdónenme por ser franco aquí, pero algunas compañías de investigadores privados carecen de una brújula moral, y sus prácticas inescrupulosas pueden dejarlo a usted con la carga. No tiene que tener licencia para realizar un trabajo de investigación siempre que trabaje para un investigador privado con licencia; al menos, así es como funciona en Nueva York. Pero si tiene una licencia y está trabajando para algunos jugadores turbios, y un cliente o el sujeto de un caso hace acusaciones en su contra, podría estar expuesto a responsabilidades o incluso a la pérdida de su licencia si se hubiera registrado como contratista independiente.

Por lo tanto, es posible que desee tomar algunas precauciones para protegerse y proteger su licencia e investigar un poco sobre las prácticas de contratación adecuadas en su localidad e incluso sobre la compañía para la que está pensando trabajar. Muchos en este negocio han experimentado, o al menos han escuchado, instancias en las que el propietario de una empresa de investigacion privada ha retrasado el pago a un investigador. Este es un problema común que debe evitar si es posible. La mayoría de las veces obtendrá su dinero, pero la frustración que conlleva esperar para recibir el pago no lo vale. La forma en que se supone que debe funcionar es que un cliente que busca un servicio en particular proporciona a la empresa de investigacion privada un retenedor antes de realizar cualquier trabajo. Esto asegura el pago a la empresa, así como al investigador, si por alguna razón el cliente no paga por los servicios hecho. El trabajo que exceda el monto retenido no se debe hacer hasta que se agreguen fondos adicionales.

Si la empresa de investigacion privada no toma un anticipo, y el cliente se niega o retrasa el pago, usted se encuentra en una situación difícil junto con la compañía, y ese no debería ser su problema. Una vez tuve que reportar un investigador privado al Departamento de Trabajo para obtener una cantidad significativa de dinero que se me debía. Finalmente gané el caso, pero tardó un año en pargame.

Según mi experiencia, es más probable que se produzca un retraso en el pago cuando la empresa de investigacion privada para la que trabaja hace mucho trabajo par las compañias de seguro. Las compañías de seguros tardan en enviar los pagos y, a mi entender, los anticipos no son una práctica común en esta relación, asi que se les paga cuando se paga a su empleador.

En cuanto al dinero, la tasa de pago para un investigador que trabaja para una empresa de investigacion privada puede variar entre aproximadamente catorce dólares y sesenta y cinco dólares por hora. Por lo general, alguien con experiencia en el cumplimiento de la ley demanda alrededor de veinticinco dólares por hora, como mínimo. Esta base de veinticinco dólares por hora para los que tienen experiencia en la ley ha estado en vigor durante mucho tiempo y debe aumentarse. Las empresas de investigadores privados obtienen alrededor de cuatro veces más que el investigador contratado y, a veces incluso más que eso. Entiendo que la empresa de contratación tiene una carga adicional que considerar, pero estoy seguro de que se puede hacer algo por el investigador contratado, especialmente uno bueno.

Como investigador contratado o contratista independiente, también se le paga por el millaje cuando usa su propio vehículo. La cantidad que se le paga por cada milla varía según las empresas, así como también cuando comienza a documentar su millaje. Por lo general, las empresas también le pagan por su tiempo de viaje, pero eso también varía según la compañía. Algunos lo compensan desde su casa y viceversa, mientras que otros eligen un lugar donde comienzan a documentar el tiempo de inicio y el kilometraje en su cuentakilómetros. Todos sus gastos, tales como peajes, transporte público, estacionamiento, alimentos para cubrirse en un restaurante, etc., deben estar cubiertos por su empleador.

También es una práctica común que si llega a un lugar y la vigilancia se cancela o incluso se resuelve de inmediato, se le debe compensar por un mínimo de tres a cuatro horas. Este puede no ser el caso si trabaja para una de esas compañías que exclusivamente realizan grandes volúmenes de trabajo en el sector de seguros. Para este tipo de compañía de la que estoy hablando, es muy probable que tenga un salario, por lo que no tendrá derecho a un pago mínimo; probablemente solo lo enviarán al siguiente caso. Estas compañías también tienden a pagar menos, pero incluyen la mayoría de los beneficios mencionados anteriormente.

Siempre trate de usar dinero en efectivo para evitar dejar un rastro usando una tarjeta de crédito. Puede que esté en un restaurante, por ejemplo, y su sujeto sospecha de usted y conoce a alguien en el restaurante que puede proporcionarle la información de su tarjeta de crédito. Debe limitar la oportunidad de ser identificado por un sujeto. Además, siempre guarde sus recibos para reembolsos.

Habrá momentos en que una empresa de investigación privada se verá inundada con trabajos de vigilancia, y otras veces se verán afectadas por una temporada seca prolongada. Durante la estación seca, sentirá que está pegado a tu teléfono o computadora esperando una asignacion. Es una sensación incómoda y no es forma de pasar su tiempo de inactividad. Es por eso que es una buena idea trabajar para más de una compañía para que pueda complementar sus ingresos, especialmente si necesita traer a casa una cantidad base cada mes. Este trabajo ofrece mucha flexibilidad, pero una vez que entre en funcionamiento, no podrá estar seguro de cuándo llegará a casa.

Cuando obtenga una asignacion, formule muchas preguntas, especialmente al principio. A menudo, hay información adicional que no se conoce por el motivo que sea. Cuanta más información tenga, mejor preparado estará para comprender la situación y llevarla a una conclusión. Con el tiempo, a medida que adquiera más experiencia con cada vigilancia, sus preguntas mejorarán y serán más precisas. También tendrá que protegerse en este negocio y aprender cuándo decir no.

Al principio, será difícil cuando ingrese a este campo de trabajo, pero tendrá que establecer límites para si mismo. Habrá momentos en que se le pedirá que haga cosas que le resulten incómodas, como vigilar muy cerca de su casa. Debe evitar esta situación porque si su vigilancia falla, ahora tiene que vivir cerca de alguien que no está muy contento con usted. Hay otras situaciones en las que no será fácil decir que no, pero va a tener que aprender a hacerlo.

Cuando era agente encubierto de narcóticos, nunca rechazaba ningún caso porque me encantaba el trabajo. Después de un tiempo, desarrollé mucho valor, así que cuando me ofrecieron este caso en particular, me sentí como si ya hubiera llegado a un punto en el que no tuviera que demostrar mi valía. La escena fue dramática, muy parecida a las películas. En este día, estaba haciendo un favor para otro equipo de narcóticos, no el mío, mientras viajábamos a un lugar aislado en una noche fría y oscura. Si la memoria me sirve correctamente, también estaba lloviendo. Al llegar a nuestro destino, un informante confidencial (IC) se sentó en el asiento trasero donde yo estaba sentado. Ahora, nunca me gustó trabajar con los IC, pero las banderas se activaron inmediatamente en el momento en que este tipo ingresó al vehículo. No me gustaba su arrogancia ni cómo el supervisor estaba manejando la situación tampoco, así que me excusé del caso. Odiaba hacerlo, pero tenía que hacerlo porque mi instinto y mi experiencia me decían que algo no estaba bien. También aprendí que estaba madurando en mi papel y asumiendo la responsabilidad de mi propia seguridad.

UNA PALABRA PARA LOS EMPLEADOS

Obtenga más información de investigadores con más experiencia y desarrolle un estilo con el que se sienta cómodo. Evite imitar paso por paso lo que otros investigadores están haciendo; sus ideas o estilo pueden ser mejores. También puede formarse en este negocio escuchando temas de investigación en un podcast o buscándolos en YouTube. Todo lo que tiene que hacer es buscar en Google palabras como "investigador", "consejos de investigación" o "investigaciones de vigilancia", y de repente tendrá un montón de videos para ver. Incluso puedes buscar en Google los "errores que cometen los investigadores privados", y verá consejos sobre cosas que no debe de hacer durante una vigilancia. Mientras está en ello, google "contravigilancia". Esto le mostrará lo que sus sujetos pueden hacer para identificarle.

El internet también está lleno de artículos que pueden ayudarle a mejorar su oficio. También puede suscribirse a revistas privadas de investigación e ir a seminarios que estén en línea con sus intereses y especialidades. Una vez que haya decidido que le gusta este trabajo y se ajusta a lo que es, el objetivo debe ser convertirse en el mejor, pero no se vuelva arrogante mientras lo hace. Sea comprensivo con los demás y dispuesto a escuchar, aprender, e incluso enseñar. Siempre habrá oportunidades para que aprenda algo nuevo en este negocio. Incluso después de todos estos años, todavía aprendo algo nuevo cada vez que salgo en una vigilancia. Una buena forma de emprender su carrera sería invertir en la adquisición de su propio equipo. Y recuerde siempre ser profesional y humilde.

Capítulo 9

Una Palabra para los Empleadores

La adquisición de buenos investigadores será un desafío para usted, especialmente cuando se trata de buenos operadores de vigilancia. A menos que haya realizado una buena cantidad de vigilancia usted mismo, necesitará al menos uno o dos buenos operadores de vigilancia para capacitar a futuros investigadores en su empresa. Las recomendaciones de boca en boca son siempre bienvenidas, pero no siempre son satisfactorias. Va a ser un proceso largo a medida que se filtra a través de muchas personas que expresan interés en el campo de la vigilancia. Algunos se darán cuenta rápidamente de que esto no es para ellos, y otros tendrán que ser informados.

Cuando comience su búsqueda, no se concentre únicamente en oficiales de policía anteriores o actuales. Busque a cualquier persona que tenga un espíritu apto para la enseñanza, la pasión y la ética de trabajo adecuada para realizar este trabajo. Evite el prejuicio de género en un campo que está sobrepoblado por los hombres. Una buena investigadora de vigilancia femenina es una gran ventaja para cualquier empresa de investigación, y hay algunas realmente buenas por ahí.

Envíe a sus candidatos al campo de trabajo junto con otro investigador más experimentado y observe sus reacciones. Una vez se sienta cómodo con la idea de enviar al nuevo candidato solo, dele asignaciones manejables al principio para que puedan mojarse los pies. No les dé nada demasiado difícil de inmediato; de lo contrario, destruirán su confianza si fracasan. Continúe enviándolos allí por su cuenta porque es la única forma de saber si tienen algún potencial. Enviándolos con otros investigadores solo enmascara sus verdaderas habilidades o incapacidades. Además, los nuevos investigadores deben estar solos para su propio desarrollo. La presión para tener éxito les permite pensar por sí mismos en lugar de depender de otra persona. Debería poder aprender rápidamente si su candidato tiene el potencial que está buscando.

Si resulta que esta persona no tiene lo que se necesita, considere qué otras habilidades pueden tener que puedan ser útiles para su empresa. Puede ser que esta persona necesite más interacción humana y sea más efectiva tomando declaraciones de testigos o entregando citaciones en lugar de sentarse en un automóvil durante horas, esperando que ocurra algo. Si resulta que esta persona no tiene nada que ofrecer en términos de mejorar su empresa, entonces corte las ataduras inmediatamente. Tener a esta persona holgazaneando es contraproducente, especialmente si hay un problema de actitud, que puede afectar al resto de su equipo.

Cuando envía un investigador a una asignación de vigilancia, asegúrese de proporcionar toda la información que tenga. No retenga hechos como "el sujeto ha sido seguido antes y ha detectado al equipo de vigilancia", "el sujeto es un oficial de policía", "el sujeto es un ex convicto", "se sabe que el sujeto es violento"; y así. Y no instruya a los investigadores a hacer algo que no estaría dispuesto a hacer usted mismo. A veces las empresas de investigacion privada piden a los investigadores que realicen algunas de las cosas más escandalosas que ni siquiera tienen sentido. Todos queremos hacer un buen trabajo y satisfacer a los clientes, pero debemos controlarnos y ser razonables. Pedir continuamente a los investigadores que hagan tales cosas solo los frustrará y hará que desconfíen del liderazgo, y se reflejará en su desempeño laboral.

Además, evite microadministrar. Si tiene alguna experiencia haciendo vigilancia en el sector privado, entiendo y aprecio su visión única. Sin embargo, si tiene investigadores confiables y consumados, permítales hacer lo suyo sin tener que cuestionar sus decisiones. Por otro lado, si no tiene experiencia en vigilancia, no hay forma de que pueda entender lo que un investigador de vigilancia hace o encuentra en el campo, a menos que, por supuesto, tenga un investigador con un historial de ineptitud constante. En ese caso, ya no es culpa del investigador sino suya, por mantener a esta persona empleada.

Por favor, comprenda que no le estoy diciendo cómo dirigir su empresa; Solo estoy ofreciendo mi opinión y consejo. No aliento un desempeño laboral deficiente que se hace deliberadamente como represalia, pero en mi experiencia esto es probable que suceda. He trabajado con muchas personas en este campo y he sido testigo de muchos de los comportamientos y he escuchado toda la charla que ocurre entre los investigadores. Si tiene la suerte de contar con buenos investigadores, haga todo lo posible para mantenerlos. Págueles de acuerdo con su rendimiento y valor, y si otros lo conocen, no se preocupe. Puede incentivarlos a trabajar más duro. Pagar a todos una cantidad igual puede no ser exactamente justo para aquellos que llevan la mayor carga.

Al final, es su empresa, pero ser comprensivo y justo, mantener la armonía entre sus investigadores y tomar las decisiones difíciles sobre quién debe seguir siendo empleado es el camino a seguir. Además, proporcione a sus investigadores el mejor equipo para hacer bien el trabajo. Un buen equipo hace el trabajo más fácil, divertido y aumenta el éxito. Finalmente, tenga en cuenta que sus investigadores probablemente también trabajan para otras compañías de investigadores privados; no deje que esto le moleste. Puede que no sea un signo de deslealtad, solo una cuestión de ganarse la vida. Es difícil sentarse y mantener sus necesidades financieras mientras espera una asignación durante la estación seca. Los investigadores necesitan ganarse la vida, y al estar disponibles para otras compañías, pueden hacer precisamente eso. Además, cuanto más salen, mejor se vuelven, y usted cosecha los beneficios.

Capítulo 10

Conclusión

Desde el principio, mi intención al escribir este libro fue dar al lector una comprensión básica de cómo es la vigilancia en el sector privado, que es diferente de la vigilancia que se realiza en las fuerzas policícas y otras agencias gubernamentales. Traté de encuadrarlo de una manera que abordara muchos de los aspectos clave que podrían ayudar a los posibles investigadores privados a decidir si este trabajo es algo que pueden imaginarse a sí mismos haciendo y, de ser así, cómo hacerlo de manera efectiva.

También he enviado un mensaje humilde a mis compañeros agentes de la ley que están pensando en entrar en este negocio y sienten, como lo hice una vez, que las investigaciones privadas deberían ser como comer un pedazo de pastel. Como investigador privado, he sido honrado con la responsabilidad de presentar a muchas personas que se han retirado de la fuerza policial al negocio de la vigilancia. La mayoría, si no todos, se han dado cuenta rápidamente de los desafíos inmediatos en el sector privado en comparación con su experiencia en el cumplimiento de la ley. Y como resultado, no muchos de ellos han permanecido. Es posible que hayan ido a otras áreas del campo de la investigación privada donde se sintieron más cómodos, y eso está perfectamente bien.

La vigilancia es difícil, intensa, emocionante y aburrida, todo al mismo tiempo. Entiendo que no es para todos. Sin embargo, en este libro he intentado alentar a todos los interesados en este campo a intentarlo. Tan difícil como es, ¿cómo sabrá si tiene lo que se necesita si no lo prueba? Es por eso que he mencionado que realmente no importa si tienes experiencia en las fuezas policiales o no, o si eres hombre o mujer. Incluso la edad puede no importar hasta cierto punto.

También debo admitir que, aunque este negocio es difícil, algunos tienen una ventaja sobre otros debido a ciertas cosas intangibles que no se pueden enseñar, como los instintos y la confianza en lo que tu instinto te dice. En algunos casos, simplemente naces con esto o lo has adquirido a través de tus experiencias de vida. He observado una habilidad que encaja en esta categoría, a la cual me refiero como "visión".

La visión, tal como la describo, es la capacidad de ver cosas que la mayoría de la gente no puede ver o detectar fácilmente. No es necesariamente una cosa sobrenatural; es solo una percepción más elevada. Las personas que tienen esto pueden identificar un sujeto de inmediato, a veces con solo una vista parcial de la persona. O pueden detectar comportamientos o cambios extraños en un entorno. Identificar un sujeto de una foto, como se mencionó anteriormente, es uno de los desafíos más difíciles que enfrentará. Si posee esta habilidad, se ha separado del resto y es extremadamente valioso para cualquier empresa.

Ahora, si no tiene ninguna de estas habilidades únicas, aún puede tener mucho que ofrecer. Puede ser bueno para planificar, elaborar estrategias, investigar el archivo del caso o documentar los detalles. Puede ser un trabajador serio y dedicado. Para usar otro término deportivo, "la mejor capacidad es la disponibilidad." Estar dispuesto a trabajar duro, a aprender y pensar fuera de la caja para lograr un resultado deseado también son habilidades, como lo es una ética de trabajo admirable. El trabajo arduo ni será, ni debe pasar desapercibido y le brindará aún mejores oportunidades en el futuro. La lista de investigadores de vigilancia altamente efectivos no es larga, por lo que, con un buen esfuerzo, debería ser capaz de saltar al frente de la línea rápidamente.

Conclusión

He cubierto un montón de terreno en este libro, pero no pude cubrir cada detalle porque hay muchas variables y escenarios con cada vigilancia. Cada vigilancia tiene su propia identidad, y debe tratar a cada uno así. En el momento en que se vuelva satisfecho de si mismo y empiece a asumir que operación va a ser fácil y cuál va a ser difícil, ya ha asumido una postura de fracaso. Simplemente llegue a sus asignaciónes preparado para cualquier cosa y no haga suposiciones ni planes para la cena.

Muchas de las cosas que he discutido en este libro sobre estrategias o tácticas han sido autodidactas. He hecho muchas lecturas e investigaciones para mejorar mi oficio y descubrí que otros también están haciendo algunas de las cosas que estoy haciendo. Por la misma razón, también descubrí que tengo algunas ideas y métodos interesantes que otros no tienen. Eso es lo que me inspiró a escribir este libro. No me considero el mejor o la única autoridad en vigilancia. Hay otras personas con ideas, perspectivas y habilidades únicas sobre cómo realizar una vigilancia adecuada. Lo único que puedo decir sobre mí es que cuando voy a trabajar, mi empleador y el cliente obtienen más de lo que han pagado. En otras palabras, trabajo duro. Ya sea que les gusten los resultados o no, han obtenido un honesto día de trabajo mío.

No tomo un caso individual personalmente, pero lo que sí tomo personalmente es mi desempeño y si he actuado con integridad. En esta línea de trabajo, usted está solo y sin supervisión, y básicamente puede hacer e informar lo que quiera. Pero recuerde que lo que hace privado cuando nadie está mirando es quien usted realmente es, y la deshonestidad tiene una forma de exponerle. Se está poniendo mucha confianza en usted mismo. Honre a su empleador y a usted mismo con un esfuerzo bueno y honesto cada vez que salga al campo de trabajo. Y confío y creo que, de alguna manera, esos esfuerzos serán recompensados.

Glosario

Búfer (Barrera): Vehículos que ofrecen ocultamiento entre el investigador y el sujeto durante una vigilancia.

Quemarse: Cuando el investigador, lugar o cosa ha sido comprometida o hecho bastante sospechoso por lo que ya no es viable.

Explorar: Una búsqueda realizada para el propósito de localizar a una persona o cosa.

Sello de fecha y hora: Una función en los dispositivos de grabación que muestra el día y la hora de la grabación.

Vigilancia móvil: Vigilancia en un vehículo.

Operador: Otro término utilizado para investigator.

Callado: Limitar su actividad o movimientos para pasar desapercibido.

Verificaciones esporádicas: Revise periódicamente la ubicación de su sujeto a pie o en vehículo porque no es aconsejable establecer una posición de observación a la vista de la ubicación objetivo.

Sujeto: La persona que se está siguiendo o investigando.

Toma de tiempo: Grabaciones periódicas tomadas al azar para proporcionar pruebas de que el investigador está donde se supone que debe estar.

www.ingramcontent.com/pod-product-compliance
Lightning Source LLC
Chambersburg PA
CBHW071036240526
45469CB00006BD/2225